服务设计信达雅

（案例分析篇）

李满海　王愉　朱建春 ◎ 编著

清华大学出版社

北京

内 容 简 介

服务设计通过多要素创新综合，促进产业交叉，实现服务模式、商业模式系统创新，从而促进企业转型升级，推动服务贸易发展。本书通过理论探讨和案例验证的方式，从新兴服务业出现、未来服务落脚点、服务设计三部曲、服务管理的创新、服务经济引领者5章进行讲解，力争每章都有自己的观点。

本书关注的领域包括商业服务、通信服务、建筑及相关工程服务、金融服务、旅游及旅行相关服务、娱乐文化与体育服务、运输服务、健康与社会服务、教育服务、分销服务、环境服务和其他服务，以及组织管理和政府公共服务等。

本书读者对象包含上述领域的机构管理者、从业者，服务设计师及相关领域的教师和学生，以及政府、园区管理者及工作人员等。

图书在版编目（CIP）数据

服务设计信达雅 . 案例分析篇 / 李满海，王愉，朱建春编著 . —北京：清华大学出版社，2023.4
ISBN 978-7-302-63002-9

Ⅰ . ①服⋯ Ⅱ . ①李⋯ ②王⋯ ③朱⋯ Ⅲ . ①商业服务－服务模式－案例 Ⅳ . ① F719

中国国家版本馆 CIP 数据核字 (2023) 第 040065 号

责任编辑：杜　杨
封面设计：杨玉兰
责任校对：胡伟民
责任印制：曹婉颖

出版发行：清华大学出版社
   网 址：http：//www.tup.com.cn，http：//www.wqbook.com
   地 址：北京清华大学学研大厦 A 座   邮 编：100084
   社 总 机：010-83470000   邮 购：010-62786544
   投稿与读者服务：010-62776969，c-service@tup.tsinghua.edu.cn
   质 量 反 馈：010-62772015，zhiliang@tup.tsinghua.edu.cn
印 装 者：涿州汇美亿浓印刷有限公司
经 销：全国新华书店
开 本：188mm×260mm 印 张：10.25 字 数：230 千字
版 次：2023 年 4 月第 1 版 印 次：2023 年 4 月第 1 次印刷
定 价：69.00 元

产品编号：068478-01

编委会

推荐序

"读一本书，看一个人。"我认识本书的作者李满海先生很多年了。多年前，他还在中兴通讯，在我的眼中，他是一个外表平静却内心如火的人。在中兴内部，他组织体验委员会，积极推进用户体验思想，影响了很多人。我也是那个时候认识他，他的热情感动了我，我们成为在体验领域里共同奋斗的伙伴。后来他加入UXPA中国协会，并担任西南分会的会长，基于重庆的地缘优势，积极推进用户体验在西南地区的认知和应用。那段时间也是我频繁和他接触的时期，我们共同组织各种活动，走进企业和高校，西南地区用户体验的认知推广和应用提升有满海的一份功劳。

后来，他从企业转战高校，将他在企业的实践经验，演变为高校的教育火种。他利用其行业资源，积极组织专家队伍到高校进行经验分享，也将行业经验融合到其教育课程中。

而且很自然地，在这个过程中，我们都开始共同关注并实践"服务设计"。服务设计是达成用户体验的重要手段。但服务设计又很难讲清楚，因为它是一个系统工程，不是用所谓的方法、流程或模板就能描述清楚的。而且服务设计涉及的知识领域及参与角色又十分广泛，也增加了其实践应用及推广的难度。

我采用的方式是在实践中总结，在总结中推广。这几年做了很多企业服务设计的商业项目，也在行业内组织了中国服务设计大会、服务设计十大优秀案例的评选工作。很高兴看到满海出版这本服务设计的案例分析集，不由十分感叹：我们又不约而同地走到了同一条道路上。

满海很早就委托我写一篇推荐序，我有些谨慎，十分担心我的实践感悟和其整理的案例分析有所偏差。因此我花了较长的时间，利用差旅途中的空闲，仔细阅读和推敲了书中的案例内容。这本案例集给了我很大启发。

本书案例类型十分丰富，涉及领域十分广泛：有鼎鼎有名的商业实践，也有打动人心的公益探索；有引领创新的服务业态，也有"老酒换新"的升级演进；有传统服务的人文之美，也有数字化应用的科技之光；有宏伟蓝图的社会生态，也有精美细致的场景应用……

　　本书收录案例虽然多，但逻辑却很清晰，各个案例被十分结构化地整理到一个个带有鲜明观点的篇章中。用案例来支撑观点，用观点来牵引分析。比如，在讲未来服务落脚点时，其观点是服务设计可以"创造有意义的人生"，可以"助力和谐幸福社会"。如果仅是这样，会很空洞。但其进一步展开，"创造有意义的人生"需要"聚焦关注个体的成长经历"，还需要"着手应对社群的抗解问题"。然后在这两个展开的观点下，分别对应相应的案例及其分析解读。在案例细节解读中，再去感受这些观点，会十分有感触。

　　本书也可以作为服务设计工具书参考应用。服务设计具有强实践性，一个相似的案例可以很好地帮助我们学习和应用。在本书的"服务设计三部曲"中，将服务设计划分为发现服务问题现象、分析问题背后根源及解决服务本质问题三大阶段。每个阶段里，又用案例对应解读其方式方法，同时也十分自然地穿插了相应工具（如旅程地图、服务蓝图等）的阐述，十分具备服务设计实践的指导作用。

　　很荣幸能够将这本书推荐给大家，也希望更多的"李满海"和我们共同探索、实践、分享，用服务设计创造更加美好的未来！

钟承东

益普索中国用户体验研究院院长，UXPA 中国主席

前　言

　　服务业不仅覆盖了全民日常生活中的交通、通信、医疗、教育等方方面面，还影响着工业生产从研发、制造、供应链管理到贸易等各个环节。改革开放40年来，中国居民的生存型消费占消费总支出的比重不断下降，恩格尔系数由1978年的63.9%下降到2017年的29.3%，发展和享受型消费比重不断提高，服务型消费需求增长较快。服务新样态层出不穷，例如，无人餐厅、VR体验馆、付费自习室、植发体验馆、宠物乐园、胶囊酒店、帐篷营地、脱口秀俱乐部等。

　　服务设计通过多要素创新综合，促进产业交叉，实现服务模式、商业模式系统创新，从而促进企业转型升级，推动服务贸易发展。2018年12月，《服务外包产业重点发展领域指导目录（2018年版）》将"服务设计"纳入其中。2020年1月6日发布的《商务部等8部门关于推动服务外包加快转型升级的指导意见》中提出"扶持设计外包，建设一批国家级服务设计中心"。2021年3月16日，发展改革委联合教育部、科技部、工业和信息化部、司法部、人力资源社会保障部、自然资源部、生态环境部、交通运输部、商务部、人民银行、市场监管总局、银保监会共同出台《关于加快推动制造服务业高质量发展的意见》，文件中提出：提升商务咨询专业化、数字化水平，助力制造业企业树立战略思维、创新管理模式、优化治理结构，推动提高经营效益。

　　随着互联网的发展，出现了远程教育、远程医疗、线上音乐会等可跨地域协作的劳务形态，如同制造业的一个产品可以由许多地方加工不同的部分。随着各行各业数字化转型的进一步推进，服务业不仅可以进行全球分工，而且可以进行远程贸易。在各种贸易形态中，数字化交付的贸易是增长最快的一部分，生产者服务、消费者服务、研发设计服务、公共服务等都在采用数字交付方式。目前，采用数字交付式的服务贸易比重已占全球服务贸易的52%，中国的数字交付式的服务贸易比重也接近50%。

　　中国迈入以"创新、协调、绿色、开放、共享"理念引领发展的数字经济时代，设计作为中国提升国家产业竞争力的重要推手，自诞生以来历经变迁，从农耕时代的点对点服务过渡到工业时代的链式服务，再到数字经济时代的网络服务，设计的环境、对象、方式均发生了深刻变革[1]。从工业时代到互联网时代，人们的生活和行为方式已发生巨大变化。为了加快推动服务设计发展，促进服务贸易和服务外包转型升级，对服务设计的成功案例进行梳理是非常必要的。

本书的主要内容

本书通过理论探讨和案例验证的方式，力争各章都能有自己的观点，依次如下：

第1章，新兴服务业出现。本章提出新兴服务业是伴随着信息技术发展和消费结构升级而新生的行业，它是用现代化的新技术、新业态和新服务方式向社会提供高价值、高层次和多元化需求的服务业，然后通过"追求高附加值服务新模式"和"演进高品质感服务新内容"两个方面的案例来具体阐述。

第2章，未来服务落脚点。通过对有意义的人生以及和谐幸福社会的理论学习和案例分析，从思维层面去明晰未来服务的设计落脚点。本章聚焦服务设计的目标，内容适合身处各行各业的服务工作者和决策者，以及参与服务研究的学生群体阅读。

第3章，服务设计三部曲。通过对发现服务问题现象、分析问题背后根源、解读服务本质问题的理论学习，结合服务设计实践，帮助读者建立对服务设计的基础认知，具备从事服务设计项目实践的能力。本章聚焦服务设计的用户价值，内容适合一线设计师、设计或管理等专业方向的学生阅读。

第4章，服务管理的创新。通过服务商业模式、产品服务系统、客户体验管理等知识点的学习，结合项目或企业管理经验，建立服务管理与商业创新的内在联系，帮助读者加强带领服务管理团队的能力。本章聚焦服务设计的商业价值，内容适合企业中高层、设计总监、服务管理领域的教师和研究生阅读。

第5章，服务经济引领者。通过对服务经济、公共服务、政务创新、社会创新等知识点和案例的学习，洞悉服务设计与社会价值创造的内在联系，建立基于社会视角的全局观和领导力，具备带领团队通过服务设计思维解决社会问题的能力。本章聚焦服务设计的社会价值，内容适合企业决策者、公共服务机构管理者、公务员，以及服务设计领域的科研人员阅读。

本书的关注领域和读者对象

本书关注的领域包括商业服务、通信服务、建筑及相关工程服务、金融服务、旅游及旅行相关服务、娱乐文化与体育服务、运输服务、健康与社会服务、教育服务、分销服务、环境服务和其他服务，以及组织管理和政府公共服务等。

　　本书读者对象包含上述领域的机构管理者、从业者，服务设计师及相关领域的教师和学生，以及政府、园区管理者及工作人员等。

　　本书图片来源请扫描下方二维码查看。本书由北京印刷学院学科建设和研究生教育专项研究生精品教材及课程建设《交互设计与服务创新》（21090118015）、《信息可视化研究》（21090120016）、北京市教育委员会社科计划面上项目（20150015005）基金支持。

图片来源

作者

目 录

第 1 章　新兴服务业出现

新兴服务业是指伴随着信息技术发展和消费结构升级而新生的行业，用现代化的新技术、新业态和新服务方式向社会提供高价值、高层次和多元化需求的服务业。

自20世纪70年代以来，全球经济经历着一场结构性的变革，以土地和机械为基本要素的实体经济已经很难带来更大的社会增益效益，人力资本成了经济增长的动力。对于这一变革，美国经济学家维克托·福克斯（Victor R. Fuchs）称为"服务经济"。

随着市场经济的发展，我国的第三产业在国民经济中所占比重逐渐加大，其中一个重要特征就是服务业的快速发展。如今服务业更是成为世界经济发展和国际竞争的焦点。伴随经济全球化的进程加快，全球产业结构发生了巨大的变化，各种业态也随之表现出新的发展趋势。服务业的发展质量关系到未来经济发展的走向与创新。

当服务经济遇上了互联网，创新被这个时代放大到每个普通人的面前，但创新并不是当今才出现的，人类的发展历史就是人类不断创新的历史，无论科技、艺术，还是金融，无一不在创新中推动着人类社会的进步。对服务业来说，大家都在思考如何让传统的服务应用好互联网这个工具，快速找到目标客户，并让他们成为自身忠诚的粉丝。因此，创新便具有了实际的意义和价值。

1.1　追求高附加值服务新模式

商家给客户提供的服务形态可以简单分为三种：卖原材料、卖加工品、卖体验点，如图1-1所示。复杂的服务形态是这三种服务形态的多样组合。这三种服务形态的劳动附加值依次从低到高。以咖啡为例，当咖啡豆作为原材料贩卖时，一小撮可能只能卖几角；当这一小撮咖啡豆被加工成小袋速溶咖啡粉时，一小袋可以卖几元；

当这一小撮咖啡豆在店铺里被磨成一杯热咖啡再由服务员递给顾客时，一杯咖啡要几十元；当这一小撮咖啡豆被放在一个特定的场所中，能够给消费者带来一种香醇与美好的体验时，一杯可以卖到上百元。

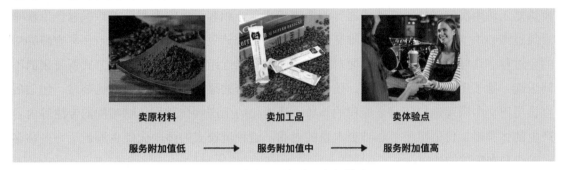

图1-1　追求高附加值服务新模式

追求高附加值的服务新模式就是卖消费体验点。从农业经济时代、工业经济时代到服务经济时代，消费在不同圈层同时升级，每个圈层的先锋用户都在不同的核心场景中，生成不一样的核心需求。决策者不能孤立地去思考一个产品的质量、包装、功能等，要通过把控门店设计、购物流程、服务人员水平等各种手段和途径来创造一种综合的效应以增加顾客消费体验。不仅如此，商家应当引领社会文化消费变化，思考消费所表达的内在价值观念、消费文化和生活的意义。

1.1.1　星巴克咖啡烘焙工坊

2017年12月5日，星巴克臻选上海烘焙工坊在上海时尚新区兴业太古汇开幕，如图1-2所示。上海烘焙工坊面积约2700平方米，共有两层，集咖啡烘焙工坊和零售体验于一体，是继西雅图臻选烘焙工坊落成三年之后全球第二家臻选烘焙工坊。星巴克臻选上海烘焙工坊通过前所未有的互动式全感官咖啡体验和高附加值消费模式给消费者带来超越咖啡本身的极佳体验。

图1-2　星巴克臻选上海烘焙工坊

（1）线下体验一杯咖啡诞生的全过程。在全国的连锁咖啡品牌缩减门店规模、降低附加成本的同时，消费者对于购买和饮用咖啡的体验和感受，逐渐升级并集中在精心萃取、制作和精致的产品包装上。这种服务模式产品和体验单一，缺少附加价值。星巴克上海烘焙工坊用沉浸式体验打破了固有的销售模式，让顾客可以亲眼见证一颗颗绿色生咖啡豆经过细心烘焙，通过天顶"咖啡交响管"落入吧台储豆罐，最终被制成一杯杯香醇咖啡的全过程。这样不仅能与咖啡师面对面交流，而且能近距离体验七大煮制方式所带来的不同乐趣。除了用于现场制作饮品，还有部分完成烘焙的臻选咖啡豆将进入包装站，包装后直供星巴克中国臻选门店。全流程的体验、透明化的生产制作过程、咖啡师的专注等内容产生的体验附加价值赋予了咖啡更丰富的内涵，这种沉浸式的体验无疑也刷新了许多顾客对咖啡和咖啡馆的认知。

（2）创新融合增强现实数字技术。星巴克臻选上海烘焙工坊是星巴克首家也是国内首批"智慧门店"，为顾客呈现线上线下无缝衔接的数字体验。在这里，顾客可以体验星巴克首个增强现实（AR）体验之旅，只需手机连接店内WiFi或打开手机淘宝App扫描二维码，登录上海烘焙工坊的手机版网页——"线上工坊"，通过AR扫描功能，便可轻松开启这一沉浸式体验之旅，在线探索星巴克"从一颗咖啡生豆到一杯香醇咖啡"的故事。为了让顾客的探索之旅更加个性化，"线上工坊"平台还提供在线菜单查询，并通过AR技术直观地展现工坊每一处细节，如咖啡吧台、冲煮器具和其他不可错过的线上线下体验。打卡指定工坊景点，即可获得虚拟徽章，并解锁工坊定制拍照工具，以徽章点缀工坊精彩瞬间，并在社交媒体与亲友分享。上海烘焙工坊的这一神奇体验，是星巴克依托阿里巴巴的场景识别技术联手为顾客打造的。星巴克与阿里巴巴的战略合作还将延伸到星巴克天猫旗舰店，顾客不仅可以在线选购来自上海烘焙工坊的新鲜臻选咖啡豆和周边商品，还可预定各种专属探"味"旅程，提前锁定精彩。

（3）创造顾客可以参与和记忆的活动。星巴克上海烘焙工坊累计举办了2000多场咖啡品鉴活动，二十位业界顶级大咖与世界冠军级咖啡师，先后受邀与咖啡爱好者进行咖啡文化交流。浓厚的咖啡文化氛围淡化了商业气息，给予顾客与顶级咖啡师、顾客与顾客之间更高层次的精神交流，这种从有形到无形的服务转换，以虚实结合的方式拓宽了空间的吸引力。星巴克咖啡烘焙工坊，之所以能够持续成功地获得流量，把人吸引到这里来，完成消费转化，是因为很好地回答了"人更愿意把时间花在什么样的物理空间里"这个问题。

（4）持续推出引领行业创新的产品。自2017年开业至今，星巴克上海烘焙工坊累计首发200多款全新饮品及数个品类，如图1-3所示。其中，有约三分之一的饮品及品类已成功从上海烘焙工坊推广到全国星巴克臻选门店。烘焙工坊从前端的咖啡豆到后端的创意冲调，都做出了极致的创新。例如在上海烘焙工坊开业后，中国的"星粉"可以喝到由中国烘焙师在本土新鲜烘焙的星巴克臻选咖啡豆。而高品质的云南咖啡豆更是第一次得以在这里现场烘焙，并从上海走向全国星巴克门店。而从上海烘焙工坊首发的"威士忌桶酿咖啡"，不仅火爆全国，更在咖啡行业引领产品的流行。其次是创意咖啡的推出，例如人气极高的"酸柠浮冷萃""橘香莫吉托"就是诞生于上海烘焙工坊。不断创新的产品在无形之中增加了消费者再次消费的期待。

图1-3　星巴克饮品

（5）启发"日咖夜酒"的一线白领的生活方式。2019年10月，星巴克中国旗舰版Barmixato特调酒吧亮相上海烘焙工坊，芝华士鸡尾酒大赛冠军调酒师Timothee Becqueriaux坐镇，揭幕了星巴克全球市场首发的11款以臻选咖啡、茶瓦纳为基底的特调鸡尾酒。这也意味着，白天享受一杯咖啡，夜晚感受特调酒饮成为体验"夜上海"的新选择之一。在烘焙工坊试营业成功之后，星巴克臻选咖啡·酒坊逐渐成为一种固定店型，以日咖夜酒的模式，在上海、深圳、武汉、成都、重庆等地开设十余家门店。星巴克全球市场首发的11款咖啡和茶特调酒饮中，已有7款从上海走向全国臻选咖啡·酒坊。在此基础上，星巴克又陆续推出了焙烤坊等创新店型，丰富了咖啡店的消费场景。

（6）本案例的成效。作为星巴克在中国最大的门店，上海烘焙工坊不仅对星巴克意义非凡，更直接或间接地引领着咖啡行业的发展。咖啡店的服务已不再是单一的产品销售，星巴克烘焙工坊的开设标志着咖啡行业的服务转型。一方面，星巴克在其他店铺持续进行传统的咖啡销售。另一方面，探索建立独特的集咖啡烘焙、生产制作、教育及零售于一体的星巴克烘焙工坊。上海星巴克烘焙工坊在开业第一年就成为星巴克全球销售额最高的门店。该工坊也是店型探索的一个"试验田"。除了咖啡、周边零售之外，还有餐食、茶饮、酒吧；除了线下体验，还有线上AR数字化技术的加持，不同业态相互交叉都有可能组合出新的店型。这就是星巴克推出的高附加值服务，通过带给顾客全新的消费体验，帮助星巴克其他门店的产品创新与服务提升。

1.1.2　Mercedes me外滩体验店

Mercedes me外滩体验店位于BFC上海外滩金融中心，纵览黄浦江两岸繁华江景，正对拥有百年历史的上海十六铺码头，门店面积超过1200平方米，集餐饮娱乐、试乘试驾、新车展示及零售服务于一体，如图1-4所示。Mercedes me外滩体验店是梅赛德斯-奔驰为打造全方位品牌生活意境，开创客户体验新纪元和新零售体验而呈现的一大跨界力作。

图1-4　Mercedes me外滩体验店

（1）将美食、艺术与时尚生活方式融为一体。Mercedes me体验空间改变了传统4S店的模式，将美食、艺术与时尚生活方式融为一体，让奔驰汽车成为餐厅整体环境中的元素。在空间布局上一辆三十多年从未改变模样的红色G500旗舰车型和一辆SLC敞篷跑车，配合背后流动的LED大屏，让空间变得灵动而独特。为打造时尚生活方式，体验店一层设置了精致的奔驰周边产品销售区域，将奔驰品牌的影响力赋予普通的产品。同时，顾客可以在这里免费预约试驾时间和车型。三条试驾线路分别经过精心设计，一条是领略百年上海外滩风情的北外滩线，一条是跨越南浦大桥连接浦东和浦西的越江线，还有一条是穿梭在石库门建筑中的新天地线。精致的试驾路线既能让顾客体验上海的历史文化，又可以感受奔驰汽车性能，更能够体会奔驰细心调配的车载音乐和香氛带来的多方位完美享受。

（2）弱化传统的客户接待场所的概念。Mercedes me外滩体验店采用"新豪华主义"设计语言勾勒出的现代建筑与上海中西结合的城市气质相得益彰。弱化销售、售后服务和简单的客户接待场所的概念，给顾客带来全新和全面的体验。带有休息室的M.E时尚西餐厅位于一层，拥有硬朗而又简洁的极简主义风格，如图1-5所示。每一个独立的包间中，悬挂着风格迥异的奔驰装饰画，在享受味觉刺激的同时又给视觉带来一场盛宴。在中餐厅里还设有一隅酒吧，似"灯塔"酒吧的浓缩精华版。这里的每一款鸡尾酒都来源于奔驰的历史典故。西餐厅主厨是曾就职于香格里拉酒店集团和世界各地知名餐厅的顶级厨师，足迹遍布新加坡、中国上海、迪拜等地，擅长选用当季的新鲜食材，创造出熟悉而又独具趣味的创意料理。中餐厅主厨也曾就职于香格里拉酒店，不仅把北京店的经典菜品带到了上海，同时又融入了更多摩登海派风味。每一种感官的刺激都源于都市风景、城市历史、奔驰品牌的交融。

图1-5　M.E时尚西餐厅

（3）多角度感受奔驰的卓越品牌体验。梅赛德斯-奔驰将创新的整合互动服务理念、高品质生活方式融入奔驰经销商网点中，选择用这样的体验中心的概念和众多的目标客户群进行接触，解决了客户群体不买车不进店的问题，使奔驰品牌文化能够更自然地与大众交流。体验店提供品牌精品及Mercedes me独有的精选商品，这些商品将奔驰品牌元素与当地都市潮流元素相结合，集设计感与实用性于一身，为广大消费者提供包括服装、饰品、生活装饰等多个品类在内的高品质实用商品，使客户在多方面、多角度感受奔驰的卓越品牌体验。

（4）本案例的成效。Mercedes me服务范围已远超过汽车销售服务本身。上海绝佳的地理位置、优渥的经济条件、悠久的历史积淀和中西结合的文化背景为奔驰提供了稳定的消费群体，决定了去体验店人群的消费观念和消费实力，这与梅赛德斯-奔驰倡导的高品质的生活方式不谋而合。Mercedes me秉承"The best for me"的理念，拉近了品牌与消费者的距离，带来更加个性化、更加透明、更加便利的服务。在上海Mercedes me体验店，销售已不再是服务的全部，高附加值的服务决定了顾客对于品牌理念的认可度和企业的信任度。体验店的服务创新通过宣传其品牌文化和品牌历史以及奔驰的服务态度来提升目标客户的品牌信任度以及巩固现有客户的忠诚度。Mercedes me体验店的服务附加值体现在服务模式，无论是社会价值还是品牌价值，它都远远超过传统4S店。外滩Mercedes me体验店不仅希望能够为广大中国消费者提供愉悦、便捷的生活体验，也希望以一个轻松的环境让顾客深入了解梅赛德斯-奔驰的品牌历史、发展愿景以及对"The best for me"的不断追求。

1.1.3　阿那亚人文度假社区

阿那亚以"始于度假，终于社区"的理念进入大众视野，经过差异化高品质产品的打造和服务的提升，形成了现在的全资源滨海旅游度假综合体社区——阿那亚人文度假社区，如图1-6所示。该项目位于河北省秦皇岛昌黎县黄金海岸中区，凭借"人生可以更美：回归自然，回归家庭，回归内心"的社区理念打造"邮轮式"休闲度假目的地，实现了阿那亚在房产领域从经营产品到经营用户的转变，打造真正的社区社群。

图1-6 阿那亚人文度假社区

（1）赋予建筑价值观。阿那亚人文度假社区位于距秦皇岛市中心54千米、距唐山92千米、距天津180千米、距北京245千米的北戴河新区黄金海岸腹地。2013年之前它是业内公认的"死盘"。阿那亚人文度假社区通过洞察用户，坚定用服务打造持续盈利的目标，在2014年开始正式转型。阿那亚一词来源于梵语aranya的音译，意思是"僻静处、远离尘嚣的静谧之地"。在房地产行业快速发展的阶段，阿那亚所处地区的房产不是刚需品，其远离市区的位置无法满足人们的购房刚需。因此阿那亚不得不重新审视客户需求——中国当下处于经济高速发展后的产品泛滥时代和个性化需求持续增长的时代的过渡点。因此，过去以满足人们紧跟社会快速发展的步伐而开发的产品并不适用于当下的用户需求。阿那亚打破让人高度紧绷、感到疲惫的灯红酒绿的快节奏生活，在房地产之上打造了一套全新的建筑体系和价值观体系，从物质生活、精神生活和情感生活三个角度去考量，强调有品质的简朴和有节制的丰盛，重建人与人的亲密关系，重建熟人社会，提倡回归家庭、回归自然、回归传统。

（2）打造承载精神生活的房屋。在如今"远亲不如近邻"逐渐淡化的"陌生人社会"，阿那亚致力于从物质、情感和精神三个维度去满足人们的需求，赋予了房产关于重建熟人社会和亲密关系以及丰富的精神生活的高附加值服务。阿那亚打造了许多精神建筑，像图书馆、礼堂、美术馆、音乐厅、剧场等一系列公共建筑，同时还打造了许多高品质的日常空间，如业主食堂、酒吧等。对于客户来说，不仅是买了一套房子，更是买了一群可信的邻居、一份能够充分满足自己精神生活，重新回到邻里互助的熟人社会的"乌托邦"。

（3）持续更新的个性化服务。第三阶段个性化需求的崛起倒逼着阿那亚从最开始简单的盖房子卖房子，转变为向客户提供更完整的生活方式。从过去的建造和营销环节，向运营和服务过渡。在房产上附加了许多消费性服务。阿那亚服务的卖点就是要尽可能地提升服务品质，留住客户，延长和用户服务关系，以业主驱动的模式、业主优先的服务体验，打造具有情怀、温暖的美好社区模式。阿那亚做了大量的配套及运营，从住宿、高端度假娱乐项目到观鸟台、海边教堂、图书馆、小剧场等，通过业主后期来社区里继续消费，持续性地赚慢钱，这是阿那亚的商业模式。

（4）业主共建美好生活。社群的三要素就是认同、参与和分享，阿那亚社群与此相当匹配。在解决了社群归属感的问题之后，阿那亚开始着手解决参与感的问题。通过不断地抛出问题和业主自发的讨论，最后形成业主公约和守则，让业主变成了合伙人。另外，阿那亚的许多店铺都有业主的参与，无形之中增加了业主与社群、业主与业主之间的感情和认同。同时，阿那亚也致力于满足不同业主的需求，如阿那亚戏剧节、生活节等，如图1-7所示，作为一个组织者搭建平台让业主贡献内容，给业主展示的机会。同时引入高质量的线下活动，让更多人来体验和参与不寻常的生活。

图1-7 阿那亚活动

（5）本案例的成效。当大部分三四线城市的楼市还在去库存的漫漫长路上缓慢爬坡时，秦皇岛的黄金海岸以三天热销5.3亿元的奇迹，让互联网时代下房地产"社群之王"阿那亚进入大众视野。阿那亚的目标客户更愿意为高价值、高水平、高回报的服务买单。阿那亚从精神层面充分掌握目标客户的核心需求，以"情感共同体""海边的乌托邦与桃花源""美好事业的合伙人"的感性定位和"始于度假，终于社区"的运营理念给房地产带来了更高的附加值，实现了横向的扩张，至此造就了当下互联网时代的房地产"社群之王"，实现了房地产商的服务转型。

1.1.4 亚朵酒店的旅居方式

亚朵酒店创始人耶律胤在2016年提出"第四空间"的概念——住宿是第一空间，办公是第二空间，社交是第三空间，而第四空间则是前三者的融合，是一种全新的生活方式。亚朵以酒店为载体，引入流动图书馆、属地摄影以及戏剧、默片、影展、城市暴走等活动，用内容吸引潜在客户，逐渐把空间打造成"一个开放的生活社区"，如图1-8所示。

图1-8　亚朵酒店的旅居方式

（1）在共性中满足个性，抓住创新的机遇。在消费升级的浪潮里，消费者更加注重高颜值和情感共鸣。目前，大多数中端酒店以商务为主，同质化现象严重，无法满足消费者在功能、服务之外更具体的个性化情感需求。重新定义物理场景，调整服务模式成为当务之急。亚朵最初的创意，来自创始人耶律胤在一次旅行中意外走进了亚朵村，为当地的自然、清新、淳朴所触动，那里虽不富足，但人与人之间诚实、信任，心存善意，这让耶律胤确认了他想走的方向——人文、温暖、有趣，酒店生活化，如图1-9所示，并以此为名创立"亚朵"。

图1-9　生活化的亚朵酒店

（2）酒店不只有住宿，稳定之上有惊喜。酒店相比于其他住宿产品的核心特征是稳定感，具备很强的标准化，有成熟的管理体系和服务模式，同时拥有强有力的监督。酒店的服务和体验应当是确定的，即具有稳定性。亚朵在稳定之上追求惊喜，以极高的性价比给客户带来不一样的全新体验。以亚朵"竹居"为例，在每个大堂都配套一个流动的图书馆——"竹居"，所有到竹居的人，可以24小时自由阅览、免押金无偿借阅。若借书不还，就算是亚朵送出去的精神食粮；若及时归还，亚朵会赠送积分以示赞许，竹居仿佛是每个来访者的精神驿站。无论是旅行还是出差，入住亚朵不仅获得了最稳定的服务，还会收获精神上的慰藉，让酒店不只满足人们住宿的功能，更满足人们的精神需求。每个竹居都有藏书千册，只有经过亚朵的爱书人亲自阅读、鉴定品质的书才会出现在竹居的书架上，不辜负来访者难得闲暇时光。竹居选择了适合商旅人群的轻阅读书籍，同时，竹居借阅系统还支持异地归还，实现了亚朵第四空间与周边的联动，使酒店不只有住宿。

（3）属地人文摄影，承载城市记忆。传统的高档酒店以名画为豪，而亚朵却选择不挂名画，改用一万多名亚朵签约摄影师的20多万张属地摄影作品。酒店是一个城市接待八方来客的落脚点，完全标准化的酒店在城市中会显得非常突兀，入住的客户从内心会加重异地他乡的感觉，亚朵选择的摄影作品记录的都是每一座城市的不同角度和不同瞬间。每一家亚朵酒店都有不同的主题，每个房间都有不同的摄影作品。亚朵酒店凭借不同地域拥有了不同的摄影主题，变成了承载城市记忆的展示馆。驻足浏览亚朵各个区域陈列的照片，即可领略当地风土人情，在给予客户品牌归属的同时又能给予客户城市归属。

（4）与其更好，不如不同——酒店与IP结合。亚朵酒店最新迭代的版本亚朵S虎扑篮球酒店是亚朵尝试将酒店与IP结合的一次全新场景。酒店大厅是带有升降LED屏的篮球场，周围分布着限量球衣、球鞋的运动商品区，公区的墙上有科比签名的球衣和证书，地面上布满了各大球星的脚印，无论是细节还是整体，都时刻呈现了这个酒店与篮球文化IP的交融。入住该酒店的客人可以随时随地来一场篮球比赛，同时在酒店中配置健身房，可以满足客人健身需要。客户可以充分享受在酒店固定服务范围之外的个性服务，酒店也因此提高了用户黏性，同时依托IP获得了更广泛、更稳定的客源。

（5）本案例的成效。亚朵酒店以生活体验场景为特色，引入IP元素，构建了包含住宿、办公、社交三个维度的第四空间，以一种全新的方式打造开放的生活方式社区，从酒店品牌转变为生活方式品牌。在人文精神、个性化服务等高附加值服务的加持下，通过改变传统连锁酒店的死板的复刻模式，将酒店与当地文化等结合起来，打造全新的酒店服务模式，使得亚朵酒店平均开业6个月后即开始盈利。亚朵认为酒店不是单一的居住空间或是高级的、舒适的居住体验，而是另一种生活、居住方式的创新。

1.1.5 混合经营的方所书店

　　成都方所书店坐落于繁华时尚的太古里，4000平方米的庞大书店藏身于距今一千多年的大慈寺旁。成都方所以书店为基础，同时涵盖美学生活、植物、服饰、展览、文化讲座、咖啡厅等，如图1-10所示。与此同时，它还被*Architectural Digest*列入2015年世界最美的15座书店榜单。

图1-10　混合经营的方所书店

　　（1）空间设计的诱惑力和视觉冲击力。成都方所以地下藏经阁作为设计理念，将文化与智慧比作浩瀚的宇宙，在整个空间里运用了星球运行图、星座图等元素，通过对空间、灯光、地板等的设计，构成星体运行轨迹的视觉感。方所的空间设计采用了"店中店"的模式，使书店朝着社交中心的方向靠拢，为社会关系的构建和再生产创造了一个合适的空间，赋予了方所书店除书籍以外的体验情感空间。而以造型各异的立柱支撑起的空间，将巨大的地下空间切割出多样的层次，独特的设计装修和空间布局延伸了消费者对商品的视觉感知，满足了消费者的猎奇心理。

　　（2）美学生活与文学结合。"美学生活"概念的普及是一场消费观的升级，从过去的实用主义消费观升级到个人主义和享乐主义消费观。方所的"美学生活"商品，便基于这一理念，经历了层层的严格筛选：从全球1000多个设计品牌中初选130余种，之后再从中精选80余种，最终引进50余种，其中超过20种首次在国内亮相。挑选的标准相当严苛：手工制作、自然主义风格、强调环保概念、耐用，更重要的是"一等品"。如图1-11所示，这里有日本工业设计大师柳宗理设计的铁锅，采用天然无氯无酸再生纸手工制作的意大利品牌CIAK笔记本，以及被称为"笔中奢侈品"的彩色铅笔品牌。对于方所来说，小众主义已经是一个非常清晰的选书策略，而目的就是"避开那些受到网络书店冲击最严重的种类"。在方所的图书结构中，艺术设计类占了大部分，外版书数量占比更是高达40%。方所利用美学生活和多样的文化形式改变了人的精神状态和体验。

图1-11　"美学生活"商品

（3）融合的经营模式。方所书店定位为当代生活的审美核心，经营范围涵盖书籍、美学生活用品、服饰等。受众目标定位为具有图书消费能力和意愿的群体。并且，方所将书店打造成包罗万象的文化场所，而非单一的零售业或者图书销售。因此，非图书类的商品就会带动图书附加值的提升，形成高附加值的图书阅读和销售服务。方所融合了商场、书店以及零售业的经营模式，使得书店不只卖书，而是集合了各种满足人们对于审美、猎奇、文化提升需要的产品和服务。

（4）本案例的成效。2015年1月29日，成都方所正式开业，在成都文青圈引起一阵骚动，进店的消费者每月保持在20万人次以上，非节假日日均七八千人次。在2019年伦敦书展全球卓越奖的颁奖典礼上，方所摘得了"2019年全球年度最佳书店"。其打破传统书店的书籍购买、借阅等模式，集书店、美学生活、咖啡、展览空间与服饰时尚等于一体混合经营，融合多元化的跨界业态，同时在会员服务模式上提供差别化和个性化的服务，创造了多样化的互动形式。此外，方所书店还充分利用社交平台优势，将线上和线下相结合，拓宽消费群体，将书店"卖产品"模式转变成"卖高附加值体验点"模式，这是对图书零售行业的一次革新。

1.2　演进高品质感服务新内容

伴随着全球网络及科学技术、经济社会、文化艺术、生态环境等领域的创新发展，人类已经步入了主要依靠信息、知识大数据，依靠人的创意、创造和创新，通过全球网络设计制造和服务，实现以绿色低碳、科学智能、全球共创分享、可持续发展为特征的知识网络文明时代[2]。如图1-12所示，在农耕时代，商家向顾客提供的服务内容是传统手工艺物品；在工业时代，商家向顾客提供的服务内容是流水线生产的工业产品；在知识网络时代，商家向顾客提供的服务内容是无形的、非物质的软件内容，例如虚拟空间的人机交互。

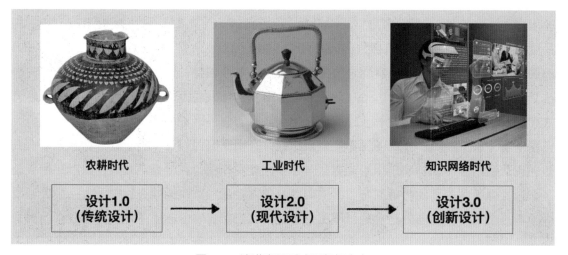

图1-12　演进高品质感服务新内容

中国科学院和工程院两院院士路甬祥提道："我们已经身处在知识网络时代，未来将依托网络和知识信息大数据，形成网络智能的制造服务方式。"[3]伴随着信息技术的发展和消费结构的升级，越来越多的社会组织用现代化的新技术、新业态和新服务方式向社会提供高价值、满足社会高层次和多元化需求的服务。

1.2.1　故宫博物院自我迭代

从2012年开始，故宫博物院开始尝试利用移动互联网为游客提供更全面的服务。故宫博物院通过微博、微信、系列App等方式运营，与游客建立了线上线下积极互动和沟通的场景，在吸引了大量粉丝的同时，也推动了故宫自身的文化传播和发展，如图1-13所示。故宫博物院和互联网时代新媒体运营的有效结合是文化传播模式的一种新探索，也是为用户提供更高品质的文化服务的一次新突破。

图1-13　故宫博物院微信运营

（1）给严谨的研究态度穿上接地气的衣服。为了使故宫博物院突破博物馆严谨、刻板的印象，打造优质内容，在互联时代形成活泼亲民的形象，使故宫文化和中国历史更好地传播开来，故宫首先在一系列运营中推送自黑、反差萌的文章、文案和表情包，制作年轻人喜欢的影视纪录片和综艺节目，增强线上和公众的互动频率。例如"雍正萌萌哒"的表情包，使历史人物走进互联网，让原本古板的皇帝形象瞬间变得乖巧可爱，完美契合了当下年轻人的喜好；精心制作的《我在故宫修文物》纪录片把以往在故宫看不见的东西搬上了荧幕，这种将文物修复可视化的制作方式，在视觉、听觉等感官上多方面冲击了观众的审美体验，给专业观众和非专业观众带来了惊喜，故宫严肃之上的活泼形象也深入人心。

（2）从自我创造到邀请用户参与创造。用户是故宫博物院在网络上扩大影响力的基础，故宫在新媒体运营上采取了有效增强用户黏性和参与度的互动共享策略，不断地给故宫的创意路径提供新想法。故宫充分利用新媒体互动性强、实时性强的特点，创作者与粉丝不再是单向地输出和被动地接受的关系，网友们往往会根据自己的感受和想法对故宫新媒体发布的内容给予评论和反馈，表达自身观点，参与感十足，而故宫也会及时予以回复互动，充分满足网友"希望获得尊重"的感觉。同时故宫还会主动@网友，挖掘网友的创造力，并将其充分运用到实践中去。故宫这一策略使得用户从接受者变成了参与者，在互联网时代每个人都是创作者，而故宫给予了更高的平台，这种看不见的服务方式，是一次全新的演进。

（3）从"一枝独秀"到"并蒂齐放"。故宫与腾讯战略合作进行文物的数字化采集。腾讯与故宫推出"国宝全球数字博物馆"微信小程序，助力全球顶级博物馆近300件馆藏中国文物珍品数字化回归。小程序采用了腾讯自主研发的"高清拼接"和"三维全景"的数字技术，首次实现文物珍品《康熙南巡图》第三、第四卷跨越地域的数字化"合体"，创造了前所未有的沉浸式云游体验。在新冠肺炎疫情期间上线的"数字故宫"小程序集合了故宫"新文创"和"新科技"的成果，它既是一座移动展览馆，让人们可以在云端漫步逛建筑，零距离观赏近7万件文物；同时它也是一座文化体验馆，按纹样或颜色，串联起不同朝代、不同品类的文物，让人们来一场主题畅游。故宫深知文化传播要依托不同的方式，既要有互联网上的虚拟传播也要有现实场景下的实物传播，这样才能更好地为文化自信助力。因此，故宫博物院联名农夫山泉推出9款限量版"故宫瓶"饮用水，第一次将故宫里的人物印上了饮用水瓶身，如图1-14所示。故宫作为中国人的精神图腾，是国家文化内核的具象载体。故宫文化服务中心和农夫山泉借由瓶身为载体，让人们在古画的现代演绎中获得亲切感与共鸣。

（4）本案例的成效。据统计，故宫每年门票收入约8亿元，2014年故宫文创产品收入首次超过了门票收入，2017年故宫文创收入突破15亿元。故宫在生活化的同时继续推进商业化的脚步，在"以服务观众为中心"的经营理念与价值观的指引下，创新打造了博物馆的"IP+文创+新消费"的商业模式，为故宫带来了可观的经济价值，也更好地反哺了故宫

图1-14 限量版"故宫瓶"饮用水

文化的传播，实现了经济与文化上的双重回报。无论是以文化与实质的产品相结合的方式进行文化宣传，还是使用知识网络时代的技术，故宫正运用当下数字化服务的新模式使故宫文创产品以百姓喜闻乐见的方式发展壮大，并通过新媒体平台，以创新思维将产品、文化等多个维度的高品质服务巧妙地融入现代人的生活之中，用网络和科技将故宫深厚的文化内涵推向年轻人、推向全世界。

1.2.2　日本丰田的未来出行

2018年，在中国举办的首届国际进口博览会上，丰田以"触手可及的未来城市"为参展主题，把融入多项技术的一系列未来产品方案全部拿来中国参展，如图1-15所示。在2019年的日本东京车展上，丰田发布了一款无人驾驶电动车e-Palette，并宣布将它作为2020年东京奥运会的会务车辆，为各国运动员和工作人员提供服务，在奥运村和残奥村内循环运行。

图1-15 日本丰田的未来出行

（1）匹配多种使用场景的e-Palette车辆设计。丰田e-Palette整体采用了四四方方的矩形设计，车门为侧滑式，并配备了可以适应不同使用场景的较小的车轮，太空舱般巨大的可利用空间，几乎覆盖全车的玻璃门窗，整体设计极具超前的科幻色彩，科技感十足。由于该车型依托丰田此前发布的移动服务平台（Mobility Service Platform，MSPF）。因此，严格意义来说，它不是一款车，而是一个移动出行平台——一个未来出行的解决方案。e-Palette目前共有三个不同尺寸的车型可供选择，车长在4～7米，未来有望提供更多尺寸的车型，能适应各类服务场景，可按照分享乘车式、酒店式、零售店式等服务伙伴的不同用途的需求，搭载各类设备。e-Palette搭配自动驾驶等技术，还可以变成任何客户想要的模式：无人快递车、外卖小车、无人救护车、移动办公室、移动理发店、移动餐车、机场摆渡车等。

（2）高度智能的全球共享出行方式。丰田通过开放车辆控制接口，使得自动驾驶组件开发公司通过MSPF平台上公开的API获得开发所需的车辆状态和车辆控制等信息，并将开发出来的自动驾驶组件（自动驾驶控制软件、摄像头、传感器等）搭载于车顶等部位。搭载于车辆上的数据通信模块采集到的车辆信息，会通过全球通信平台，将数据积累到TBDC（TOYOTA Big Data Center）并应用于移动服务，实现个性化的用车需求调配。用户只需按照自己的用车需求——准确地来说是用车之上的，如用餐、办公、住宿等需求，如图1-16所示，提前10分钟预订车辆，e-Platte即可根据调度信息，利用电子调色盘更改车辆外观前往目的地，并根据指令继续执行其他任务。每一辆车可以随时适应不同的需求，满足未来出行方式。

图1-16　车辆内部结构

（3）畅通无阻的运行管理系统。2020年12月22日，为实现未来移动出行服务e-Palette的实际应用，丰田汽车公司发布e-Palette运行管理系统。丰田将与众多合作伙伴一起，力争在2025年前在多地实现商业化应用。当前，新冠肺炎疫情在一定程度上改变了人们的生活。"不与其他人接触的独立出行""人不出门，物品或服务主动上门"等应对措施，使人们对移动出行服务有了更多样的需求。同时，伴随"人口老龄化"等社会问题，人们对以e-Palette为代表的Autono MaaS等新型移动出行服务的需求也将逐渐增加。为了实现"在必要的时间，准时到达要去的地点"，以及"在必要的时间，准时提供必要的服务和物品"这一"Just In Time"的服务理念，丰田研发的e-Palette运行管理系统可以减少乘客的等候时间并且通过大数据、智能化等前沿手段，合理规划交通路线，调度运行车辆，避免经过拥堵路段，从而提供安全、安心、舒适的移动出行服务。

（4）本案例的成效。丰田e-Palette的未来出行服务是5G等先进通信技术与自动驾驶等人工智能技术结合的产物，解决了现阶段社会对于移动出行的需求。将"驾驶"交给科技，将时间留给自己，丰田e-Palette实现了共享出行和移动出行领域的多样化发展，使汽车不再是一个功能单一的交通工具。汽车供应商也不只是提供交通工具，而是提供智慧出行的解决方案，重构消费场景，重新定义人、车、城市之间的关系，在车之上设计与车有关的生活文化。丰田e-Palette设计的不再是车，而是一个围绕生活与出行的智能系统，是对汽车行业和交通出行的一次变革。智能汽车正一步步从以车为中心的交通工具到以人为中心的交通工具，最后向以人为中心的移动空间发展。

1.2.3　京东个性化服务体验

2018年3月15日，京东内部公告成立了"客户卓越体验部"，该部门将整体负责京东集团层面客户体验项目的推进，如图1-17所示。一直以来，京东坚持"多、快、好、省"的服务原则，以及"以信任为基础，以客户为中心，创造价值"的经营理念。未来基于高品质服务的理念既是京东战略的顶层设计，也是行为规范的底线和红线。

图1-17　京东个性化服务体验

（1）从以货为中心到以客户为中心的服务模式转变。一直以来，京东都是一个中心化开放式货架的经营模式，这与京东自营供应链的模式有关，也与互联网零售早期的模式有关。但随着技术的发展、多种移动互联网场景的出现，大众消费市场正在被细分消费场景所取代，零售的边界正在由中心化卖场延伸到任何可以触达用户的地方，无论是社交、短视频，还是资讯、游戏，抑或是线下各种业态，其中都有形成交易的机会和需求。仅仅凭借一盘货打天下的时代已经过去，京东对客户需求进行精细化、分层次的深刻理解，在正确的时间、正确的场景，给对的用户提供最适合的商品及服务，如京东推出的高品质物流配送服务——京尊达，只需要用户提交订单时选择京尊达服务，着正装、戴白手套的"尊享使者"将驾驶新能源汽车到达指定地点，手捧精美礼盒，提供亲切、暖心的服务，创造极具仪式感的交付场景，让收货人感受到尊贵礼遇。

（2）技术赋能"看不见"的服务，打造透明化高品质服务。在"双十一"购物节前，一向重视用户消费体验，积极搭建多场景、个性化服务矩阵的京东，依托AI、区块链、大数据等先进技术，构建了一个更为坚实可靠的服务平台。京东用技术赋能"看不见"的服务，形成用户购买前的隐形护盾，有效捍卫了优质商家及广大用户的权益。以大数据为支撑的智能化长效管控机制——宙斯盾系统，搭载了语音识别技术，更高效地处理用户反馈。用户的反馈还会及时同步给品牌商，以帮助品牌商优化产品设计。在消费者、品牌商家及平台间搭建出一个良性生态圈，并在促销期间为用户提供更全面的支持和保障。与此同时，京东还为用户把关与甄选优质好物和商家。"平台风向标"基于大数据，全面、公正、客观地为用户的购买决策提供参考标准，大大减少决策时间；京东以区块链为技术底层，打通品牌商、京东、政府、检测机构间的全程追溯信息。消费者通过扫描商品包装上的一物一码身份ID，便能轻松溯源，只为让用户买得放心，用得安心，实现了高品质服务中的重要环节。

（3）全购物环节助力高品质服务升级。在用户消费保障的基础上，京东进一步升级用户体验，通过放心购、京东物流、京东金融服务保障、三大事业群特色服务以及"京东服务+"的升级，打造了覆盖售前选购、售中送装、售后退换等各个环节的服务矩阵，丰富了优质服务场景。例如"放心购"业务，是京东整合现有优质服务生成的全新服务IP，涵盖"京东安装""送装一体""闪电退款"等基础服务以及"上门换新""随心换""运动健身保障""发货延时补贴"等特色售后服务，旨在为用户提供更加高效、精准的服务。京东商城三大事业群聚焦自身品类特征，从售前、售中和售后等方面进行全面升级，覆盖了更多服务场景。京东物流业务则通过精细运营、智能科技提效、供应链服务全球化、共生体系保障、绿色环保计划等，使物流配送方式更智能、配送效率更高效。全环节的购物模式，使得用户在全场景的购物模式下，可以放心选购产品，享受快速的京东配送和售后保障，如图1-18所示。

（4）本案例的成效。京东着力打造的多场景、定制化、IP化的服务矩阵在京东无界零售生态里扮演着至关重要的角色。未来的零售业比拼的不仅是商品、技术，更是高品质的服务。"用户体验"始终是京东商业逻辑中最顶层的设计，高效精准的服务也一直是京东核心竞争力。京东全新的服务理念是在全球经济下行背景下，互联网人口红利消失以及线

图1-18 全环节的购物模式

上零售红利消失的背景下对客户需求精准细分和满足的一次突破，也是未来京东文化核心向"以信赖为基础，以客户为中心的价值创造"的重要转型。

1.2.4 元宇宙在线虚拟空间

元宇宙（Metaverse）是利用科技手段进行链接与创造的与现实世界映射、交互的虚拟世界，具备新型社会体系的数字生活空间，如图1-19所示。元宇宙本质上是对现实世界的虚拟化、数字化过程，需要对内容生产、经济系统、用户体验以及实体世界内容等进行大量改造。2021年12月，Facebook母公司Meta迈出了构建元宇宙的第一步——开放虚拟现实社交平台horizon Worlds。Meta对horizon Worlds的定义是"一个由整个社区设计和构建的、不断扩展的虚拟体验宇宙"。人们在这个元宇宙中社交、娱乐、工作，在现实生活中即使是一贫如洗、毫无存在感的普通人，也可以成为元宇宙虚拟世界中的超级英雄。

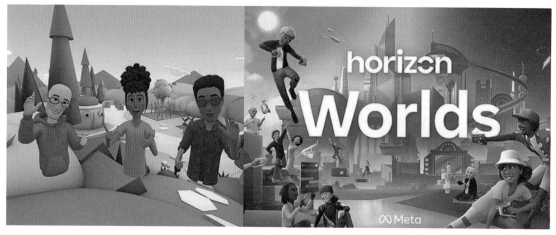

图1-19 元宇宙在线虚拟空间

（1）与现实世界平行的纯虚拟社交平台。进入元宇宙世界中，首先可以根据个人喜好自定义一个虚拟形象来代表元宇宙中的自己，用于和其他用户交互，完成这些之后你将进入一个中央聚集地，并以此为入口进入用户自定义的空间，实现许多在现实世界不能实现或难以实现的想法。例如，你可以参与以蒸汽波为主题的复古街机风格的大逃杀（Pixel Plummet空间）；你可以体验乘坐魔法扫帚在城市上空翱翔（Wand & Broom空间）；你可以与朋友一起乘坐三层轮船享受轻松的河上之旅（Mark's Riverboat空间）。从这一角度来看，元宇宙所提供的服务和功能超越了AR或者VR所能提供的内容。

（2）多种高新技术融合实现内容自定义。元宇宙的诞生来源于数字、互联网、增强现实等虚拟技术和现代通信、区块链、人工智能等技术的发展。自定义的创造行为本身是 horizon Worlds 吸引力的一部分。Meta希望通过"用户建立自定义世界的体验"来吸引用户，例如，你也可以拿起工具，从头开始创建自己的世界和项目，Meta提供了基本代码，又称"脚本块"，按照一定规则链接在一起，即可将行为附加到物体并创建复杂的交互，如图1-20所示。一些擅长在Meta搭建虚拟物品的人可以凭借自己出色的技能，搭建出优秀的作品，而其他玩家则可出钱聘请这些人为自己建造建筑或艺术品。这些人不仅可以复刻现实场景，甚至可以凭借想象力创建出新的建筑形态。他们通过创造虚拟物品，在现实世界中换取报酬。这种职业形态在现实世界中并不存在，但虚拟世界的发展创造了新的需求，这种在虚拟世界中提供的服务也创造了新的供求关系，使虚拟世界的建筑师逐渐成为一种职业。这些功能或者说服务的实现得益于扩展现实（XR）、数字孪生、区块链、人工智能等单项技术应用的深度融合，以技术合力实现元宇宙世界的正常运转。

图1-20　行为附加到物体的交互

（3）去中心化的内容产出。元宇宙将是首个完全基于"去中心化"理念开发的数字生态。区块链等"去中心化"架构是元宇宙的技术基础，会进一步提升用户的所有权和选择权，减弱少数科技巨头对于信息、个人数据和应用的限制。同时，在元宇宙世界中拥有自由度极高的"自由"，这也得益于元宇宙的去中心化。因此在元宇宙的世界中，人人平等，可以实现在现实世界中无法实现的想法或者使现实世界中的场景或功能得到增强，例如，用户可在元宇宙中购买土地，建造房子，开办自己的企业等。结合当前新冠肺炎疫情形势，元宇宙办公程序的上线让虚拟世界办公实现非接触且高效真实，元宇宙的居民可以自行定义工作空间，也可以使用Slack、Dropbox等工具进行工作。元宇宙利用区块链将数据和知识产权稳定确权，经过确权的信息、数据和资产在理论上可以永久保存，超越技术演变和人类寿命的周期。这意味着元宇宙中的数字记忆、数字孪生场景甚至数字生命可以长期存在。

（4）本案例的成效。建立在去中心化基础上的元宇宙是一个数字化的平行世界，是与现实世界映射与交互的虚拟世界，是具备新型社会体系的数字生活空间。元宇宙依靠区块链技术，其去中心化体现在虚拟世界是真真切切由用户打造与建设的，而非元宇宙开发者本身，这对于用户来说是一种全新的体验，是技术驱动带来的服务提升。元宇宙与原来传统的虚拟网络世界模式不同，例如，"VR技术"是由企业打造的虚拟世界，其中的建筑和产品全由企业本身制作，用户只能在特定的场景下进行某种特定的交互。元宇宙所带来的全新商业模式与新兴的服务业已开启，人们可以在元宇宙中将个性化融入和现实关联的虚拟世界，用户不再受限于企业或是行业本身。元宇宙世界是整合了多种新技术而产生的新型虚实相融的互联网应用和社会形态，将给社会的各个层面带来颠覆和新的价值。

1.2.5　增强现实文旅新生活

本案例包括拈花湾闹元宵、兔果AR主题乐园、宜家AR全屋设计以及沉浸式餐厅。增强现实技术作为一种新型的交互模式，以虚拟与现实混合的方式，使用户有更加丰富的信息感知维度，获得了更好的消费和使用体验。在跨媒介技术与AR、VR、5G等技术的融合与发展下，越来越多的行业利用现代化的新技术拓展新业态，提供新服务，向社会提供更高价值、满足社会多层次和多元化需求的服务。同时，通过新技术加持的传统服务业态，能够实现服务向更高品质演进，成为引领全球新一轮产业变革的重要力量。

（1）"AR元宵节"。2022年2月14日，元宵佳节即将到来之际，无锡市拈花湾·禅意小镇利用AR、5G、数字孪生、大空间点云定位等技术，以景区地标拈花塔、鹿鸣谷为现实背景创造了虚拟空间，游客戴上MR眼镜，各种奇观映入眼帘：灵动的水柱绕拈花塔盘旋而上在塔尖绚烂绽放，呈现拈花一指壮丽景象，随后心灯升空，星辰浩瀚近在眼前，如图1-21所示。在打造具有前沿冲击力的视觉呈现的同时，拈花湾以沉浸的表达方式，实现情感层面跨时空的交互，邀约游客相聚拈花湾，一起体验久违的心灵触动，极大地丰富了游客的情感体验，提供了区别于传统景区简单的讲解服务的更高品质的服务。

图1-21　增强现实文旅新生活

（2）"AR主题乐园"。2021年8月1日，由全景科技（Panorama）推出的"兔果AR主题乐园"在南通AAAA景区鲜花小镇揭幕。项目占地7000平方米，通过公司旗下的"兔果"增强现实娱乐软件打通线上和线下的流量通道，将信息从二维空间扩充到三维空间，让游客进入精灵王国的世界。在"兔果AR主题乐园"开启的第一个虚实共生"平行世界"中，几十个百花精灵人物形象不再仅仅停留在二维平面上，而是在LBS定位系统的支撑下，投射到现实世界中，与游客一起参与AR沉浸式的故事剧情，有效地建立起虚拟人物与游客之间的品牌连接，通过IP有效赋能，如图1-22所示。在"兔果AR主题乐园"中，AR野球拳、AR夺宝、AR庆典飞龙、精灵神箭手的试炼、BOSS练习赛等游戏为游客提供了线上、线下联动的娱乐方式，游客不再局限于景区特定的位置与客观事物的现实特性，而是借助增强现实交互模式对景区本质之外的属性与内容进行自由寻访，缩短了景区项目的服务时间，形成了独特的"文、科、旅"融合吸引物，将景区变成了一个有文化内容背景的主题娱乐场。

图1-22　基于AR跨时空的交互

（3）"AR全屋设计"。宜家结合LiDAR实现了全屋设计，允许用户使用IKEA品牌的家具和装饰品自定义整个房间。宜家曾经于2017年推出IKEA Place应用，让用户可以在现实环境中放置单件AR家具和装饰品，而最新推出的IKEA Studio则可为整个房间提供多种不同家具和装饰品的组合，这款iOS专属的应用程序由宜家位于哥本哈根的工作室SPACE10开发，使用LiDAR传感器捕获3D房间形状和尺寸数据。简而言之，这项新技术能够识别实际环境的表面、物体和几何形状，并生成等比例的网格，从而带来更加逼真的AR体验，使用户可以从新手小白变成房屋设计大师，给予用户更全面和直观的信息展示，增强用户参与感，把专业和复杂的事情变得简单，这是服务升级和技术的一次有效结合。

（4）沉浸式餐厅。现代人用餐不仅是为了解决温饱，更多是一种精神层面的需要，如社交需要、文化需要、体验感和仪式感等。Teamlab艺术团队在东京银座区设计了一个沉浸式互动餐厅，身临其境的空间将优雅的美食和陶瓷艺术与实时投影相结合，为用餐者获得多重感官的用餐体验，如图1-23所示。该餐厅是Teamlab的新艺术装置，其独特的沉浸式空间仅能容纳八位客人。餐厅在传达日本口味的同时，也可享受幻真幻假的艺术环境，像是踏上了一场美食的奇妙之旅。沉浸式餐厅通过使用多台投影机对餐厅内的墙面、桌子、装饰模组等进行三维影像的投影，让画面之间形成自然、多层次的影像融合效果，使用户走进餐厅即会沉浸于独特的环境和氛围中。同时，AR、全息投影、互动投影等技术也给用户带来了超越食物本身的乐趣。对于餐厅经营者来说，餐厅主题可一键切换，大大降低了装修成本。

图1-23 沉浸式餐厅

（5）本案例的成效。科技赋能新生活业态是现阶段和未来开发升级的主要方向。例如，全新的就餐体验通过沉浸式交互带给消费者深度参与感，餐厅不用随着流行文化的转变去改变装修风格，从而避免产生大量垃圾，其运用全球网络设计制造和服务，数字媒体技术和数字媒体艺术可对就餐场景进行实时转换，让消费者在接收到品牌信息的同时也能给予品牌相关反馈，实现品牌与消费者在沉浸式场景中的双向沟通，以达到科学智能的跨空间、跨文化就餐体验，同时也真正达到了可持续发展的目的。正是这种身临其境的餐厅，为用户提供了集视、听、味、嗅、触、知于一体的沉浸式体验，并利用自媒体视频平台，实现快速传播、高效引流，在当地快速成为网红打卡胜地。

本章聚焦服务设计的目标。通过对"创造有意义的人生"和"助力和谐幸福社会"的理论学习和案例分析，从思维层面去明晰未来服务的设计落脚点。本章内容适合身处各行各业的所有服务工作者和决策者，以及参与服务研究方向的学生阅读。

2.1　创造有意义的人生

设计是人成为人的一个根本特征和能力，它通过器物、传播和系统创造前所未有的环境，以满足生活的需要，赋予生命以意义。例如，史前时期的涡纹双耳尖底瓶陶器设计使人们能够更好地进行取水活动、鼎的设计让人们能够更好地加热食物以存续生命……而随着社会的不断嬗变，如同马斯洛需求金字塔显示那般，人们在物质上得到满足之后会更注重非物质的、精神层面的需求。设计的使命也随之而变，创造人生意义是服务设计的落脚点之一。

意大利孟菲斯风格派的索特萨斯曾说："设计是一种探讨生活的方式，是探讨社会、政治、爱情、食物甚至设计本身的一种方式，归根结底设计是象征生活的完美方式。"抽象地说，受个人的生理、年龄、教育、文化等多重因素的影响，在事情发生的过程中，每个人都会有意或无意地去选择事件过程中个人意识到的相关因素，结合个人目的，用情感作为黏合剂，使得被选择的部分成为一个人独有的、特殊的构成结构和感性整体，让体验成为生活中一段特殊的经历和值得分享的记忆。

2.1.1　聚焦关注个体的成长经历

生活中，人们在有意或者无意之间与人文环境和自然环境发生互动。人们经历着不同的事件，但并非所有的经历都可以发展成为被意识到的、有意义的体验或者一段特殊的经历。就如平常的一日三餐，大多数的就餐体验在循规蹈矩的日常生活中被忽略，只有极少数的时候，才会因为场景、人员、过程和结果的特殊性而留下记忆。

如图2-1所示，套用美国实用主义哲学家约翰·杜威的话，可以将服务设计如何去创造有意义的人生描述为：通过有目的、有计划和有步骤的实践活动，体验本身拥有的能让人产生满足感的情感，将得以内化、升华、释放、呈现。

> "The experience itself has a satisfying emotional quality because it possesses internal integration and fulfillment reached through ordered and organized movement."
>
> "通过有目的、有计划和有步骤的实践活动，体验本身拥有的能让人产生满足感的情感，将得以内化、升华、释放、呈现。"
>
> ——约翰·杜威　美国实用主义哲学家

图2-1　聚焦关注个体的成长经历

聚焦关注个体的成长经历，是指服务提供者用心策划让消费者在服务互动场景中感受到一段令人充满回忆的经历或过程，并希望这段回忆是让消费者感到美好、愿意分享给他人的。以办公空间设计为例，关注个体成长经历的物理空间，是应该能够让空间里的个体与空间本身产生交互，彼此建立有意义的连接，从而让个体获得体验，产生记忆，最后变成故事。这是服务设计落脚点的根本变化。

2.1.1.1　关于衰老的社会实验

本案例摘自《忘不了农场》公益节目。该节目聚焦于中国的老年群体，关注阿尔茨海默病等认知障碍者，如图2-2所示。由艺人嘉宾、厨师与五位各具特色的老人组成的"忘不了家族"，共同经营着一家忘记年龄的青春农场。节目通过记录农场的日常运营和生活，向观众讲述发生在农场的温暖故事。

图2-2　关于衰老的社会实验

（1）**一系列设计好的活动能够有效缓解衰老带来的"副产物"**。人生就像一条抛物线，有高有低。到了一定的阶段，就必须要面对一些事情，例如衰老、死亡。虽然我们无法阻止衰老和死亡的到来，但是能够通过"设计"的方式，使人们更好地正视并接受它们。随着年龄的增长，人们遗忘的可能性就越来越大，但大多数情况下，遗忘与疾病没有必然联系，而是随着子女们慢慢长大，自己从家里被依靠的顶梁柱变成了需要被照顾的那个人，这种身份的转变，让老人们渐渐忘记了自己曾经的光辉，被束缚在了自己和社会构建的固有观念里。例如，老人的家属做出了这些评价："慢慢收缩的不仅仅是他们所面临的病症，他们整个的生活都在收缩。""我父亲之前特别能干，后来连家里电话响了都不去接。""交往的圈子，甚至于每天做的行动都慢慢变得单一起来。"换句话说，老年人群的认知障碍，往往不是单纯的"生理病症"，而更像是一种"社会病症"。这同时也意味着，我们有机会用"软性"的方式来改良他们的处境。

（2）**直面镜头背后老人们的真实痛苦，并帮助他们解决**。面对镜头，每个老人都努力地展现出自己最好的一面，看起来是那样积极阳光。但没被镜头拍摄到的背后，老人们都各自承受着由于衰老带来的沮丧、难过、无奈等不良情绪。例如，"社牛"肖奶奶不但喜欢唱歌跳舞，而且对时下的年轻偶像也非常熟悉。她紧跟潮流，追着自己喜欢的明星，无论来什么样的客人，都能聊上很长一段时间。肖奶奶虽然身体不太好，但是性格特别开朗，还有点儿小强势，在农场也算是"大姐大"了。然而在镜头背后，肖奶奶的生活却走到了另一个对立面，孤独、无助常常入侵着肖奶奶的生活。26年来，她的生活既艰辛又枯燥。老伴生病了，儿子由于工作不能陪伴在身边，她便独自照顾着患病的老伴，来回穿梭于医院、家庭，过着两点一线的生活。老伴离世后，她说："从现在开始才是我自己的生活，但我要怎么过？"常年过着两点一线生活的肖奶奶，生活圈已经收缩到了极小的范围，想再次融入其他社会生活圈已经不再容易。怎样才能为肖奶奶这样的群体创造有利的条件，激发他们的积极性呢？

（3）**体验能够激发、满足人们的情感需求**。通过有目的、有计划和有步骤的实践活动可以再次调动老年人的生活热情。节目组整合了农场的资源，创办了"忘不了农场"，将老人们召集在一起，让他们担任农场餐厅的服务人员。这为老人们提供了一个渠道去接触社会并与他人沟通，重新开始担负起某些职务和任务，并通过努力获得他人的认可。这些"聚焦关注个体成长经历"的活动，能够激发、释放老人们内心的需求，使老人们再次感受到"被需要"与"个人价值"，并以此缓解他们的病情。例如，肖奶奶通过带领大家做晨操，帮助身体不适的同伴张罗，成为一个小团体的核心，以此来缓解自己的孤独。而最让人担忧的，就是认知障碍相对严重的战爷爷了。初来农场时，他总是显得有些局促不安，刚才还在教他迎客的介绍语，后脚客人上门，他愣了好一会儿，半天憋出一句"直接进去吧"。好在大家都没有气馁，经过无数次"批评""教育"和"恶补"之后，战爷爷也终于重拾了社会技能，记住了自己的桌号、招牌菜，面对客人的自信也是与日俱增。

曾是英语老师的胡奶奶，在接待外籍宾客的时候，似乎又恢复了年轻时的光彩，自信从容地用英文与他们交谈……虽然在节目中，老人们都发生过失误、沮丧，甚至争吵，但渐渐地，他们的积极性被重新调动起来，更加积极地对待工作上的困难，态度也越来越好。节目组希望通过这些设计活动，建立起老年人面对衰老的积极心态，让他们往更好的状态发展，过好当下的生活。

（4）通过节目去影响更多真实世界的人积极地对待衰老。如图2-3所示，场长黄渤除了邀请自己周围的明星和朋友，借助他们的影响力来帮助到老人外，在节目的展现形式上，新一季也有了更多的尝试。节目组除了增加节目的趣味性、丰富节目的内容外，还拓宽了节目的受众群体。通过节目的展示向人们表明，面对衰老这件事也没有那么难、那么费力。同时该节目还提供了一些新思路和参考，让老年人能够参与到我们的生活之中，使两者有机结合。以青望老，让年轻人了解当代老年人的生活状态，以平和的心态面对岁月的变迁，树立正确的养老观念，引导养老向往；由老还青，展现了当代老年人年轻化的养老心态和生活模式，新时代下多姿多彩的老年生活得到放大与聚焦。

图2-3　《忘不了农场》剧照

（5）本案例的成效。该节目由于明星效应，80%以上的观众年龄都在18～35岁，使得平时被年轻群体忽略的"衰老"问题也慢慢被大众了解，聚焦关注老人的成长经历，带领全社会关注老年群体，关爱老人，预防认知障碍，传递积极、温暖的生命价值观。在黄渤看来，这是一场大型的社会性实验，最难的其实是这类节目在国内完全没有先例可循，只能在试错的过程中一点点摸索。黄渤提道："之前有科学院的专家来，他们对这件事情很肯定。聚焦关注老年个体的成长经历，调动起老人们身体里所有的曾经已经放下的那些积极性，让他们重新参与到生活里边来。"《忘不了农场》就提供了这样的一个平台，让老年人们面对衰老不会再那么无所适从。黄渤也强调："未来会怎样谁也不知道。中国社会面临着老龄化问题，不同的人会带来不同的能量、视角，希望越来越多的人能加入我们。"

2.1.1.2　健身品牌之超级猩猩

本案例摘自健身品牌超级猩猩企业文化的故事。深圳市超级猩猩健身管理有限公司主要产品是自助式健身舱，它24小时营业，无须办理年卡，随时随地通过手机预约健身活动，如图2-4所示。超级猩猩提倡原始又纯粹的热爱运动的本能，认为每个人在运动的过程中，都应当快乐得像一只猩猩。

图2-4　健身品牌之超级猩猩

（1）打造生活的第三空间，从功能性的健身舱到一种生活方式。2014年的一天，一位爱跑马拉松的孕妇，一位沉默寡言爱玩乐高的建筑师，还有4个偏胖或偏瘦的技术爱好者聚在一起，吐槽健身为什么就一定要办年卡？为何一早起来健身房还没有营业？为何加完班健身房都关门了？为何不能在没有年卡的情况下进入健身房？于是，他们决定用一个集装箱建造一个24小时自助、没有销售和前台、完全依靠智能设备管理的健身舱，这里也不用办理年卡，采取按次收费的模式，同时还可以移动。自从第一个健身舱建造成功后，电话、邮件就像潮水般涌来，许多人都希望能搬一个超级酷的健身房到楼下，还有人想要一起做这件好玩的事。超级猩猩团队发现，原来渴望一个不一样的运动生活空间的人竟然有那么多。于是，他们决定成立一个全新的运动品牌，为有着共同生活态度的人打造一个全新的运动品牌。

（2）聚焦关注个体的成长经历，为用户精心策划系列活动。越来越多的人成了超级猩猩的"铁粉"。超级猩猩先后举办了200人聚会，以及200人挑战马拉松纪录的共创活动。在这些活动里，他们不仅成功接力挑战了马拉松纪录，还将所得的款项捐赠给了暖流计划乡村体育课。超级猩猩希望去真正地影响更多的人开始运动，让大家在体验运动快乐的同时，得到极大的满足感。数据显示，超级猩猩60%以上的用户增长都依赖口碑传播。随着超级猩猩的名气越来越大，不光是用户，其团队的教练数量也在直线增加，其中有许多人是由原来的用户转变为教练。因为他们发现，在超级猩猩的锻炼过程中，使他们获得了前所未有的快乐，他们决定要把这份美好分享给他人。超级猩猩与传统健身房相比，除了商业模式不同以外，最大的区别就在于：没有任何销售压力，教练都是对健身行业充满了热爱，愿意将热爱传承下去的人。在超级猩猩，他们唯一需要做的就是让消费者也体验到这样美妙的体验，并分享给他人。在设计上，该公司重视时尚元素，玻璃外观使室内运动成为天然风景。"一种有活力的时尚"是创始人刘舒婷希望向外界传达的感觉。在上海市静安区，超级猩猩开设第一家线下店的时候，不少人甚至挤在窗外往里看。同时，在社交平台上，也有更多的用户愿意主动分享自己的健身照片。

（3）与用户一起建立信仰共同体与核心价值观，并持续地捍卫。2016 年 5 月，超级猩猩推出第一款周边产品"LET'S MEET @SUPERMONKEY"背心，如图2-5所示。在官方正式发布之后，超级猩猩在当时全国最大的门店"深圳蛇口巨猩店"办了一场容纳 200 人的运动派对，用户只要身着"LET'S MEET@ SUPERMONKEY"背心就可以免费入场。这对两年前还处于初创阶段的超级猩猩来说无疑是一个巨大的挑战。但由于用户感受到了品牌的真诚，纷纷在后台留言表示"我不在乎什么时候发货，但请你们不要倒贴"。2017 年年初，超级猩猩与设计师联手一同发售了首款限量版的运动背包，在上市五分钟内，就被抢购一空。同年年中，超级猩猩又推出了一款"BE BRAVE"系列运动套装，里面包含基本款的T恤、棒球帽、运动裤以及运动水壶。2017年年底，超级猩猩还曾定制哑铃项链，送给"SUPER RANK"前一百名用户作为奖励。2018年，超级猩猩和餐饮品牌Wagas合作，也出品了特殊设计的周边T恤，供Wagas的店员穿着。"彩蛋品牌周边"渐渐形成了超级猩猩独有的品牌文化，被其用独特的方式运营着。超级猩猩为用户提供了如此多的除了健身之外的附加价值，而这些良好的体验，很好地增加了超级猩猩与用户之间的联结。周边产品除了有使用的功能作用，更像是一种精神图腾、一种自我鼓舞，是用户和超级猩猩共同缔造的价值观，向外界展示表明的生活态度。这将会构成一个个的故事，使之再度被分享、被传播。

图2-5　周边产品的推出

（4）本案例的成效。超级猩猩帮助用户忘记完美标准，抛开束缚，找到超级的自己。它不断地挑战固有观念，创造了健身行业新的认知体系，超级猩猩不是健身房，而是一个生活方式品牌。针对服务型的企业，服务要素最关键的是人，而人又是最难管理和约束的。超级猩猩给出的解决方案是——建立信仰共同体，建立企业的核心价值观。超级猩猩认为，每个人心中都有一个期待的超人，与胖瘦美丑无关。好与不好之间从来没有一个可以界定的标准，也更不存在什么更好的自己，人生不应该被贴上标签。超级猩猩用积极的生活态度，带领着用户打破束缚，去找到、发现真正的自我。用户能够通过超级猩猩去遇到没有见过的自己，这便是"SUPER LIFE SUPER ME"的意义。

2.1.2　着手应对社群的抗解问题

抗解问题（Wicked Problems）是指难以通过套路来解决的群体系统问题。如图2-6所示，有几个明显特征：其一，这些问题具有复杂的社会意涵，多方利益存在冲突但又相互依赖；其二，人们只能通过行动才能验证问题本身的合理性，但是行动又会引发其他问题，使得问题本身始终处于不确定状态；其三，人们解决问题的行动过程没有对错的标准答案，只有事后才能评判这些行为适合或不适合当时的处境。

"Wicked problems have no definitive formulation, but every formulation of a wicked problem corresponds to the formulation of a solution. Wicked problems have no stopping rules. Solutions to wicked problems cannot be true or false, only good or bad. In solving wicked problems there is no exhaustive list of admissible operations."

"抗解问题：条件不定，因人而变；问题不明，做了才知；没有对错，只有好坏。"

—— 理查德·布坎南 Richard Buchanan

图2-6　着手应对社群的抗解问题

在现实社会中，人们的经历无法重现，然而在虚拟空间中，人们可以多次复现场景并重新获得机会找到解决路径，就像玩电脑游戏，这盘游戏结束后可以重新再来一遍。设计是通过器物、传播和系统创造前所未有的环境，以满足生活的需要，赋予生命意义。未来服务将会应用虚拟现实技术去构建消费者需要的场景，允许消费者在虚拟空间中去调试和验证，找到最适合个人的解决路径；允许消费者突破现实社会中很难突破的组织壁垒，在虚拟空间中找到自身的存在感，允许消费者在虚拟空间中规避多方利益冲突，使人们有条件满足非物质的、精神层面的需求。

2.1.2.1　日本远程异地恋餐厅

本案例摘自日本一家为异地恋情侣设置餐厅的故事。这家异地恋餐厅的创造者是一家名叫KDDI的日本通信运营商，在圣诞之际，KDDI为分别身处东京和大阪的异地情侣，打造了一间仅限平安夜开放的"神奇餐厅"，使异地恋人能够仿佛在同一张餐桌共进圣诞晚餐，体验浪漫，促进情感升温，如图2-7所示。

图2-7　日本远程异地恋餐厅

（1）科技助力情感联结，缩短情感距离，提高情感体验。对于热恋中的小情侣们而言，"异地恋"是一种让人难以忍受的痛苦，由于学业或工作的因素不得不与心爱的他/她分隔两地，每天都承受着空间甚至是时差的考验。开心时没有他/她在身边一起分享喜悦，难过时没有他/她在身旁的暖心安慰，每天的晚餐没有了他/她的陪伴。对于情侣来说，最痛苦的莫过于，当你兴致盎然地想跟他/她一起去公司附近新开的餐厅，而他/她却在距隔你一天一夜路程的另一个城市。在日本东京，有一家名为"SYNC DINNER"的未来餐厅，它为了缓解异地恋情侣的烦恼，推出了一项可以跨越空间的聚餐活动。在这家餐厅里，即使是异地恋甚至是跨国恋的恋人也可以毫无障碍地一起共进晚餐，"面对面"约会，分享生活中的喜怒哀乐和琐碎小事。

（2）逼真的互动体验，让人仿佛置身于约会现场。SYNC DINNER的特别之处在于它的互动性很高。温馨浪漫的场景布置，以圣诞歌作为双方的背景音乐，将餐厅细致到位的服务一一呈现在观众面前，这样的制作无疑是对平安夜、圣诞节与异地情最紧密地结合，但这只是开始。最重要的是，身处两地的恋人可以通过一面镜子看到对方，并与对方实时互动通话、共进晚餐，镜子两边的服务也能实现同步，仿佛同处一个空间，如图2-8所示。例如，当一方需要送餐、倒酒，或者是音乐演奏服务时，相隔千里的对方也会同步体验到该服务；当他们举起酒杯准备干杯，靠近屏幕时便会有玻璃杯的碰撞声；甚至做呼气状还能吹灭对方蛋糕上的蜡烛……虽然现实中的对象在遥远的另一端，但眼前的一切就像是出现在面前一样，如同真实约会那般，聊天、拍照等互动都可以实现。科技为异地情侣们打造了一个乌托邦的入口，让他们可以暂时摆脱现实距离的困扰，沉浸在彼此的深度情感联结之中，在一定的程度上缓解双方的紧张关系。

（3）本案例的成效。情感的复杂性决定了难以用二元对立的方式去判定谁对谁错，它并没有标准答案。异地恋增加了情侣之间的表达成本，情侣们常常因为词不达意等原因恶化了关系。而SYNC DINNER餐厅利用数字化技术改变了传统服务行业的面对面的劳务

图2-8　逼真的互动体验

形态，延伸了用户的定义，建立起了更广泛人际关系。该案例对人类多元的现实性生存场景做了颇具实验性的探索。通过新科技能不能缓解每对情侣的关系呢？不一定，因为每对情侣都有他们所处其中真实的独一无二的困境。但是通过科技，确实让我们发现改善关系的另一种可能性，这也为一部分人提供了更多的选择。世界不是因为有了科技才有了爱，但是科技却让原本看不见的爱，得到了更好的呈现。人与人之间需要持续地保持情感交流、唯有心灵契合才能继续维持关系平衡向前。SYNC DINNER提供的远程互动晚餐，其意义早已远远超越了人们填饱肚子的生理需求，更是一个让久未交流的异地恋人释放情感、展示爱意的机会。

2.1.2.2　虚拟现实中母女相逢

本案例摘自通过虚拟现实技术让母女"重逢"的故事。一位韩国母亲，借助VR设备与她已经去世三年的女儿在虚拟世界中再次相见，并获得了慰藉，如图2-9所示。

图2-9　虚拟现实中母女相逢

（1）我们无法阻止死亡的到来，但可以使其具有"温度"。在韩国，有一位名叫张智星的韩国妈妈，她的女儿娜燕在7岁的时候咽喉水肿并突然开始发热，起初家人们以为只是一场普通的感冒，直到因迟迟不退烧去大医院做检查，才发现可爱的女儿患上的竟是罕见病——血癌！家人为她做了最大的努力，但娜燕还是在病情发作后一个月就不幸离世了。女儿去世后母亲日夜思念着她，久久不能忘怀。日有所思，夜有所梦，女儿便是母亲梦境中的常客。残忍的是，女儿虽然经常出现在母亲的梦境里与她"重逢"，但梦中的女儿过得并不好，这让母亲陷入深深的自责中，她无法原谅自己。韩国一家VR制作公司得知此事后，主动提出要与母亲张智星合作，想要借助科技的力量来设计一场"久别重逢"，使母女二人在虚拟世界见面，他们希望能够以此弥补母亲内心的缺憾。当母亲张智星戴上VR头盔，看到朝思暮想的女儿在虚拟现实中向她奔来，说："妈妈，你想我吗？"时，她泣不成声，也向女儿诉说了她的思念。紧接着女儿带她参观了在天国里的生活，娜燕有自己的卧室、伙伴，餐桌上还摆着生日蛋糕……在这虚拟的场景里，母亲终于兑现承诺，给娜燕补上了一场生日，如图2-10所示。当母亲发现蛋糕上只有6支蜡烛时，她又亲自动手插上了一支，女儿开心地许了愿，她的生日愿望是"妈妈不要再哭泣"。土豆花盛开了，女儿开心地跑去摘花送给妈妈，欢声萦绕……制作团队想通过VR告诉母亲张智星，女儿其实过得很幸福，她可以放下心结好好地继续生活。在经历了这场短暂相见后，女儿最终化成蝴蝶飞走了，随之也带走了母亲心中的愧疚。

图2-10　母亲与女儿重逢

（2）再温情的设想，也离不开技术的助力。制作团队用了整整八个月的时间来将此实现。制作团队使用VR技术来还原娜燕的脸部、身体和声音。子模型的运动记录为运动捕捉，并在监视器上实现，同时在工作室再现场景。构建这一场景，最大的难点有两个：一是需要构造高质量训练数据集，二是需要训练驱动模型。好在女儿生前母亲为她保存了大量的照片、录音以及视频资料，这为技术团队提供了宝贵的资源。为了让虚拟人物的声音尽量与娜燕一样，语音合成技术团队以早先拍摄的家庭视频中娜燕的声音为基础，并邀请五名年龄相仿的孩子，分别录制了800多条录音作为补充。在样貌外形方面，技术人员为了让娜燕的样貌更加逼真，不仅要采集到照片和视频里娜燕的表情、肢体动作数据，根据体型近似的女孩进行建模，还要通过摄影测量和动作捕捉技术还原最真实的娜燕，然后演员根据视频资料以及家庭成员的描述尝试模仿娜燕的特有肢体语言。经过多方的协作，最终才实现母女在虚拟世界的相逢。

（3）虚拟相遇缓解了负罪感，重拾起积极生活的勇气。虽然因为时间问题，最终虚拟出来的女儿和现实中还是有较大差异，但这位韩国母亲的另一位小女儿表示："这已经足够帮忙消除母亲的思念与愧疚。"母亲也坦言，仅仅是以这种方式让女儿"重现"，就已经让她非常满足了。她很清楚，自己现在所经历的，只是VR技术的一种虚拟体验，但这也是自我治愈的一种方式。张智星说："以后我会继续爱娜燕，不会再生活在痛苦的记忆中，让自己更难过。"同时，她也希望更多失去至亲的人，能够从这种技术中得到一些慰藉。外媒Futurism评价说："这个过程并不容易，最后的结果也未必尽善尽美，但是我们现在拥有了一项技术，能够让逝者在VR中重现，其影响是无法预测的。"

（4）本案例的成效。这则视频播出后短短几天，就达到了上千万次的播放量，并引发了一场争论：能够与死去的至亲至爱"相见"，在道德和心理上到底意味着什么？一些人觉得这能够帮助人们将情感宣泄出来；一些人认为这会阻碍人们重新面对生活；还有一些人则认为这段影像不够逼真，不能实际上去转变人们的状态。制作公司被一些人指责，是在拿这个失去女儿的母亲的情感来消费。一些网友表示担心，指这种体验会将张智星推入更深的悲痛和无望之中，而另一些网友则形容，不知道这种实验"是天堂还是地狱"。不同的人站在不同的角度上对此有着完全不同的看法，但这都没有错，抗解问题就是条件不定且结果因人而异的。不过，张智星却说，这给她带来了实质的帮助。她表示："这样做后感觉很好，我并不会沉迷于虚拟角色和虚拟的世界当中，一遍又一遍地重温女儿仍然存在的生活。这将是她和女儿最后一次的再见。"虽然在虚拟空间中，触感还无法真实呈现，体验上还不够完美。但我们相信，随着未来科技的进一步发展、现有成果的不断迭代，体验一定会越来越好。

2.2 助力和谐幸福社会

荣获计算机科学最高奖图灵奖和诺贝尔经济学奖的赫伯特·西蒙提出：凡是以将现存状况改变成更佳状况为目的而构想行动方案的人都是在做设计。生产物质性的人工物的智力活动与为病人开药方、为公司制订新销售计划或为国家制定社会福利政策等这些智力活动并无根本不同，如图2-11所示。换句话说，未来服务的设计并不局限于某些专家掌握的华丽的造型技艺，而应该是行政人员、编辑、厨师，甚至是面包店老板等大众群体都可以一起参与的服务实践活动。

"Everyone designs who devises courses of action aimed at changing existing situations into preferred ones. The intellectual activity that produces material artifacts is no different fundamentally from the one that prescribes remedies for a sick patient or the one that devises a new sale plan for a company or a social welfare policy for a state."

"凡是以将现存状况改变成更佳状况为目的而构想行动方案的人都是在做设计。 生产物质性的人工物的智力活动与为病人开药方、为公司制订新销售计划或为国家制定社会福利政策等这些智力活动并无根本不同。"

—— 赫伯特·西蒙　Herbert Simon

图2-11　助力和谐幸福社会

人民对美好生活的向往就是我们的奋斗目标。当今世界，可持续化发展、老龄化、健康、教育、组织创新和文化创新的问题是值得人们关注的问题。2015年，联合国通过2015年到2030年的全球战略——可持续发展目标，呼吁所有国家共同采取行动，促进繁荣并保护地球，在致力于消除贫穷的同时，实施促进经济增长，满足教育、卫生、社会保护和就业机会等社会需求，并应对气候变化和环境保护。中国将可持续发展思想写入"一带一路"倡议和"十三五"规划中。全球许多企业已在行动，例如，比尔·盖茨基金会关心非洲人民的生活健康和医疗问题，谷歌也投入大量研究经费在生命科学领域。

好的服务不是偶然发生的，是被设计的。一切复杂的发明，如飞机、电视等，从根本上来说是同一个道理，设计师实际上就是运用设计思维创造出了无限的可能性。总的来说，设计就是设定善的目的并使其可视化[4]。

2.2.1　致力让人们的生活更美好

好的设计需要创新，特别是在逆境和不确定性面前，创新往往可以带来更大的价值。今天和未来的设计创新，将适应和引领知识网络时代的经济社会和文化需求，促进引发新产业革命。设计产业体现为社会文化体系引导工业生产机制进行创新的全过程，是社会经济形态变迁、文化消费增加、产品引导性日益增强的产物[5]。从产业视角来看，设计产业是利用科学技术使设计活动规模化、产业化，实现生产、消费等环节的增值，从而满足市场需求，并产生相应社会经济效益，为经济发展助力的产业[6]。

设计，唤醒大众审美力，不仅改变了世界，也改变了个人生活。如果没有安东尼奥·高迪，就没有人间的童话剧场古埃尔公园，人们也不会看到海浪的弧度、蜂巢的格子等极具灵感的展现，巴塞罗那也就不会吸引到世界各国的游客。如果没有安藤忠雄，大阪就不会有住吉的长屋，那些狭窄的空间里，光依旧会缺席，人们还是生活在阴影之中。如果没有贝聿铭，苏州博物馆便不会与拙政园相互借景、交相辉映，苏州秀美的园林风光，也会随时光变得寂寞。正是因为设计的存在，才得以让人们看到更多的美好。

2.2.1.1 非洲地区的运水滚筒

本案例摘自非洲人民取水的故事。在非洲和亚洲贫困干旱地区，每天有75亿人难以得到足够的水资源。非洲地区的人民为了取水要在日出之前很早起床，花两个多小时走到最近的河流或者井边，然后头顶着装满水的笨重水桶，一路走回家。这是长久以来非洲的用水状况，因为缺水和贫困，非洲农村地区的妇女每一天都过着这样的生活。

（1）**从真实世界出发**。如何相对轻松地取到生活用水？非洲百姓也想过很多办法，例如拓挖水渠、兴修水塘等，但是这些工程都需要很大的资金投入，对于贫困的非洲人民来说，根本就行不通。1991年，南非工程师Pettie Petzer和Johan Jonker发明了一件神奇的运水工具——河马滚筒（Hippo roller），这个工具帮助解决了数万非洲人的取水难题，如图2-12所示。河马滚筒是一种筒状的容器，可以装90升水，而之前妇女们惯用的水桶容量只有20升。它的构造很简单，由一个带有螺纹盖的圆桶和一个不锈钢柄组成。圆桶由防紫外线聚乙烯制成，这令它在凹凸不平的或是散布着石头、碎玻璃的农村道路上滚动成为可能。它的开口很大，直径有135毫米，向内注水和清洁内部都很方便。同时密闭盖确保了桶中水的卫生，不锈钢柄用于控制滚筒。之前妇女们取水时都是用头顶住水桶，使用河马滚筒之后，水就被装在了"轮子"里。90升水的重量主要由地面来承担，运水时不会再给颈部、手臂和脊椎造成过度的压力，就连儿童和老人在大多数的地形区也可以轻松运水。此外，运水的时间也大大缩短，原本要花两个小时的路程，使用河马滚筒半个小时就可以走完。这大大地提高了非洲人民的生活效率，也为他们把时间花在其他的创造美好生活的事情上提供了机会。虽然河马滚筒设计并不精美，也没有采用高科技，但却用最朴素的方式真实地解决了非洲人民的难题。

图2-12　非洲地区的运水滚筒

（2）**设计无学科界限**。在传统意识中，设计的各个专业和部门有着绝对严格的界限。例如产品设计师只能做产品、平面设计师只能美化图形，而类似环境保护、城市公共服务、医疗以及教育等问题的解决，则往往需要政府出台新政策或者采取新措施。而随着社会创新的不断涌现和发展，设计师或工程师可以利用各种社会资源为人类提供有效的服务以便帮助人们解决面临的问题。南非社会企业家Grant Gibbs于1994年成立了河马滚筒项目。他一方面大力宣传这项发明，另一方面也在积极吸纳商业公司、NGO、政府以及个人的赞助，将河马滚筒送到那些有需求的人手中。这项计划首次在南非进行试验，目前已经在非洲的21个国家进行了推广，惠及至少30万人。在推广的过程中，河马滚筒受到了极大的欢迎。在那些已经使用过的地方，人们对其的需求也日益增加。发明者Pettie Petzer和Johan Jonker也因此在1997年获得了由南非国家标准局及其设计院所授予的"发展设计奖"。设计的意义在于把现存的情况变得更加合意，设计人员并不仅仅局限于有着某某头衔的专家，而是所有职业甚至普通的人民大众都可以一起参与的服务实践活动。

（3）设计的蝴蝶效应。有了河马滚筒，男人们也开始愿意为家里打水了。而在此前，男人们因为认为这是一项卑微的、不体面的工作而不愿去分担家庭责任。孩子们因此有更多时间去上学，可以获得更好的教育，也有了更好的就业机会；妇女们不再挣扎于打水，可以为家庭的其他事务投入更多的时间，例如清洁、种菜等，也有了创收的机会。打水不再是一件令非洲人民讨厌和抗拒的事，不管是妇女、小孩、男人还是老人都愿意参与其中，如图2-13所示。大家在玩乐的过程中，就把"打水难题"解决了，一个新的和谐幸福的非洲社会由此"诞生"。南非前总统纳尔逊·曼德拉（Nelson Mandela）对河马滚筒表示支持，认为它"将积极改变我们数以百万计的南非同胞的生活"。

图2-13　更好地分担责任

（4）本案例的成效。运水滚筒很好地解决了非洲地区现实中的社会需求，与传统的运水方式相比，它能使人在较短的时间与努力下，得到的水量是原来的5倍。无数的社会力量将会使整个社会人们的生活得以改善。当考虑到产品或服务对个人生活产生长期影响的时候，生活可以是被改变的设计对象。就像在本案例中，小小的河马滚筒产生了蝴蝶效应，改变了非洲人民的生活方式甚至是社会构成。有时候，设计上的一小步就是很多人迈向美好生活的一大步，而未来服务设计的落脚点就是去助力和谐社会，让人们获得更美好的生活。

2.2.1.2　宠物盲盒订阅服务

本案例摘自总部位于美国纽约的Bark&Co公司的宠物盲盒订阅服务。Bark&Co的创始人之一Meeker有一只大型犬Hugo，因为找不到适合大型犬的物品，所以Meeker不得不去找一些很小众的宠物产品供应商。这种不方便，让Meeker开始萌生创立"BarkBox"的想法，即给城市里养狗爱好者提供更好的宠物产品服务，开启一个专属于狗的订阅服务，然后每个月给订阅者提供宠物食物、玩具和治疗产品等，如图2-14所示。Bark&Co是一家专门针对宠物产品的月度订阅电子商务公司，凭借社群运营和订阅服务，年收入达2.5亿美元。

图2-14　宠物盲盒订阅服务

（1）提供专属于狗的订阅服务。Bark&Co公司有四个系列产品：BarkBox、SuperChewer、BrightDental、Eats。狗的主人每月需要交付一定的订购费用，例如支付20～29美元来获得价值40美元的爱犬礼盒Barkbox一个。盒子里至少会有两袋狗粮、两个宠物玩具、一个磨牙棒。每月送一次，服务包邮，不满意可随时退订。狗的主人可以和狗一起打开盒子，体验拆盲盒的惊喜，狗狗在好奇心和新鲜感的驱使下看见新东西都会很兴奋地玩上一阵儿。除了上述的常规产品之外，BarkBox还提供个性化的产品和消费体验，例如会不定期为自家的盒子制定不同类型的主题，为了迎接万圣节，BarkBox 就推出了万圣节主题的系列玩具和宠物食品。SuperChewer是超韧性玩具、零食和咀嚼物的集合物，盒子可以根据狗对食物的过敏或喜好以及喜欢的玩具类型进行定制，满足不同狗狗的需求；BrightDental中含有鸡肉味的磨牙棒和三重酶促牙膏，可以为狗消除口臭，进行牙科护理；Eats狗粮可依据主人的喜好，配备狗的专属健康顾问为狗制订完美的膳食计划。

（2）提供可互动的宠物狗社群服务。Bark&Co公司还开发了三款软件：BarkBuddy、Say BARK！和BarkCare，实现了从单纯地提供产品到创造社群的转变。BarkBuddy是一个线上线下都可以互动的宠物狗社群，通过该社群，狗的主人可以寻找到附近的其他小狗，帮助狗狗寻找玩伴；Say BARK！是一款Snapchat风格的应用程序，是交流宠物狗图片和视频的社群；BarkCare提供狗狗医疗救治服务，该服务可以联系兽医，提供宠物健康提示，保存宠物的健康信息等。

（3）人文关怀与公司理念结合。Bark＆Co的新办公室设计也同样考虑了人与狗狗共同成长的需求。办公室内有一些定制的双层小房间，内置在巨大的隔墙内，提供了宠物与人类的共享空间，如图2-15所示。宠物们在办公室里起到了视觉和听觉缓冲器的作用，帮助员工保持注意力集中。分隔板的设立防止狗狗看到太多其他狗狗，变得过于兴奋。为了使狗狗们更加舒适，这里甚至连办公桌都是狗狗专用的，Bark办公室的工作空间有内置的沙发，如果员工选择在办公桌前工作一整天，他们的小狗就可以坐在他们旁边。

图2-15　共享空间

（4）本案例的成效。当群众还在纠结为宠物买什么产品而纠结不已时，Bark&Co已经为大家解决了这个烦恼。通过线上订购的方式对宠物产品施行"盲盒"的新鲜形式，加剧了产品购买的神秘感，也省略了去宠物店挑选的麻烦，新型服务方式正符合现存的快节奏生活。随着2012年Bark＆Co推出主打产品BarkBox订阅盒，每个月就有50万的订阅。从2016年到2017年，BarkBox的销售额增长了70%，网站上的回购率为95%。截至2018年，Bark&Co的Facebook粉丝量286万，Instagram粉丝量150万。网页内容都是和狗相关的，有一些是明星狗，图片幽默可爱，内容诙谐搞笑，还有帖子尝试直接以狗的身份和观众交谈，增加了互动。在社交媒体上和用户互动，并不只是简单的营销策略和销售宣传。BarkBox给顾客创造了娱乐的途径，并且积极反馈，鼓励用户之间的参与互动，创造出一种社区感和归属感，满足了养狗爱好者的情感归属需求，建立了强大品牌忠诚度。

2.2.2　引导科技向善服务价值观

科技向善是站在人类命运共同体的高度，以科技发展、设计创新为手段，接受科技创新、智能创新可能带来的负面挑战，改进科技发展伴随的环境和能源问题，以关照自然和人类自身的责任感，协力推动人类朝向更美好、更便捷和更幸福的方向延续下去。科技向善是一种科技责任和科技自觉，其核心是如何选择"善"。科学技术是客观中性的存在，人对科技的应用方向决定了科技的善恶。技术是推动社会进步的主要动力，面对快速爆发的技术发展速度、日新月异的科技产品/服务创造，需要我们保持"善"的科技自省，以"向善"的人文关怀去构建科技创新，创造美好幸福的生活环境和生活体验。科技向善不仅包含着人类对美好生活和幸福未来的最质朴的期待，而且完美地印证了可持续发展战略的目标。

对于科技互联网巨头而言，把科技向善融于自身核心业务，在有效依托企业自身核心技术能力的基础之上，规模化与常规化的可持续创新才是真正能帮助新形态企业有效创造社会价值和公益价值的新模式。新时期，企业决策者应当在付诸行动之前，应先考虑以什么方法来做什么事情，如图2-16所示。

"... the problem that is usually being visualized is how capitalism administers existing structures, whereas the relevant problem is how it creates and destroys them..."

"人们通常只关心资本家如何管理现有结构，却很少跳到局外（Outside the box），去反思相关问题，比如目前结构因何创建？将如何摧毁？"

——约瑟夫·熊彼特 Joseph A. Schumpeter

图2-16　引导科技向善服务价值观

2.2.2.1　宝马的循环经济体验

在宝马集团眼中，可持续发展不仅仅意味着环境改善，它同样关乎人和社会。宝马集团希望将这种设计理念延伸到产品生命周期的各个阶段，i循环概念车便是一个很典型的例子，如图2-17所示。宝马集团高级副总裁霍伊顿克表示："宝马i循环概念车为大家描绘的是2040年的未来智慧城市中，一辆极具个性、彰显豪华而又绿色环保的现代出行工具——100%由再利用材料和可再生原材料制造、100%可回收。"

图2-17　宝马的循环经济体验

（1）i循环概念车采用新型植物皮革。对原材料的掌握和运用，一直以来都是高端奢侈品对外释放自身价值信号的竞争点之一，设计师从不掩饰自己对于皮革的喜爱。"真皮"标签不仅是奢侈品行业的卖点，在汽车行业亦是如此，皮料的细致程度与覆盖面积成为区分豪华程度的关键，越来越多的宣传将皮饰标榜为身份的象征。不过随着人们理念的转变，环保与可持续已经成为越来越多品牌商关注的话题。海洋垃圾回收利用、再生塑料、可回收棉等环保理念产品大受环保主义消费者的喜爱。2021年宝马集团在慕尼黑车展上展出的宝马 ix 与 i 循环概念车，其内饰全部由橄榄树的橄榄叶萃取物鞣制而成。目前，每辆宝马 ix 与 i 循环概念车已经实现全车植物皮革的包裹，同时使用约59.9千克的回收塑料进行点缀，成为全球车企中首个利用植物皮革替代动物皮革、人造皮革的车企。以宝马7系为例，Nappa皮使用量大约35平方米，约消耗7头成年公牛的牛皮。若以每辆车平均需要20平方米牛皮计算，以宝马集团2020年232万辆销售规模计算，每年消耗公牛牛皮约900万张。这意味着，当宝马集团使用植物皮革全面替代动物皮革后，每年至少节省900万张公牛牛皮，在供应环节降低了约19%的碳排放。

（2）在保持舒适触感的同时，大大减少碳排放量。宝马集团旗下风险投资公司于2021年7月宣布将投资Natural Fiber Welding，以共同寻求新型内饰材料，如图2-18所示。由于传统回收的棉花在经过回收处理后纤维会缩短，所以很难将回收棉花再加工成中高端棉织品，而目前Natural Fiber Welding的技术可以处理棉花、亚麻、丝绸和羊毛等天然纤维废料，生产出融合棉花和其他废弃纤维的高性能棉纱Clarus和Mirum。该循环材料比石油化工原料合成的纤维织物具有更好的手感。

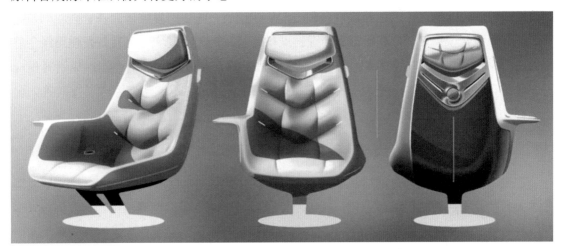

图2-18　新型植物皮革座椅

（3）解放淡水资源。2021年10月，宝马宣布通过旗下风险投资基金对美国初创企业Lilac Solutions进行投资，签订价值约2.85亿欧元的多年合同，用以支持其研发的离子交换技术加速商业化。据估算，从盐水中提取一吨锂需要耗费7万升淡水，这会严重破坏当地的生态系统，给当地社区带来巨大压力。同时，蒸发池提取锂的速度非常缓慢，而卤水要花两年的时间才能生产出可用的锂。此外，该过程仅能从盐水中回收50%的锂，这一切都会导致初期的投入增加，并减缓新矿开工的速度。Livent通过专利技术从阿根廷北部的卤水资源中获得锂，而为了尽量减少对周围生态系统的影响，宝马采用创新技术提取而非蒸发，因此大部分使用过的盐水直接返回到周围的栖息地，这在很大程度上保持了盐水层和地下水层之间的平衡。

（4）本案例的成效。大胆采用新的设计流程，应用环保型材料，借助创新科技，以全新角度重新思考汽车的未来，是一家企业的责任。宝马集团2021年度可持续发展报告显示，宝马集团现有的生产环节废物排放已达到约7.8吨，总体可回收率超过99%，其中，二次铝材使用率50%，二次钢材使用率25%，二次热塑性塑料使用率20%，电池材料回收率达到96%。根据宝马集团碳中和规划，到2030年，其自行车的整个生命周期内的二氧化碳排放量较2019年降低至少40%。为了达到这个目的，宝马把碳排放的范围拓展到了整个产业链，包括原材料采购、供应链、生产和回收环节。宝马计划，到2030年供应链减排20%、生产环节减排80%、使用阶段减排50%，集团整体减少二氧化碳排放超2亿吨。在大部分企业喊着可持续的口号但实际却并没有去真正改革产品，只是为了更好地蹭上新的经济风口时，宝马公司真正突破了原有的商业框架，实现了颠覆性的创新。不论是新型的植物皮革、锂电技术的研发，还是创新棉花回收的可能性，宝马根据"再思考"和"再利用"原则，将好回收、不污染、舒适性结合起来，为用户创造了具有革命性的产品。更值得一提的是，宝马集团在实践自身低碳发展的同时，也正带动产业链上下游企业共同实现低碳发展。在2021年首届宝马集团可持续发展中国峰会上，宝马携手宁德时代、延锋国际、首钢集团、国网电动以及特来电等供应商和合作伙伴代表，与中国发展研究基金会共同发起"产业链绿色转型倡议"，积极探索产业链减排路径。例如协同宁德时代开发使用绿色能源的高压动力电池；与延锋国际共同开发环保型智能方向盘；与首钢合作形成钢料供应到回收的闭环式循环；与国网电动探索绿色能源的充储。这是宝马集团对科技向善的坚定选择。

2.2.2.2　无人环保自动清洁船

本案例摘自无人环保自动清洁船的故事。"ORCA小型水面环保船"可以更高效地清理水面的废弃物，智能跟踪污染物，实时监控周围环境并将图像反馈至控制器，降低70%费用的同时，速度也是手工清理的7倍，如图2-19所示。中国西北工业大学的郭萌睿及其团队凭借该项目成为2018年中国地区戴森设计大奖的获得者。

（1）为了降低成本、提高效率，推出无人环保自动清洁船。中国70%的河流和湖泊都已受到了污染，其中近半数的水源都已不适宜人类食用或者接触，因此，必须对水资源进行一定的处理，以确保安全。而现在，大部分的城市和大多数地区的解决方式依然是采用人工打捞清理的方法，人以船为载体，人工打捞，存在安全隐患；由于水面作业风吹日晒，十分艰苦，许多人都不愿从事这项工作，而养护人员流动性较大，这一清理方式成本高昂且效率低下。所以，郭萌睿的团队希望利用机器人技术，将软、硬件结合起来，更高效地清理水面，摆脱低效、昂贵的人工清洁，以更低的成本来获取洁净的淡水资源。

图2-19　无人环保自动清洁船

（2）无人环保自动清洁船的工作原理。ORCA无人环保自动清洁船采用双体船结构的设计形式，总长1.2米，宽0.8米，最大载重15千克，可以持续工作6小时，经过现场试验，清洁一亩湖面仅需25分钟。这艘无人清洁船其船身采用了高强度的防腐材料，可以抵抗二级风浪。可快速拆除垃圾筐和电池舱，便于日常工作。在清洁船顶部装有摄像头，可实现全视野观察，而图像传输设备可以将拍摄到的图像传送给人们，从而使远程控制变得可行。清洁船前端长80厘米长的延伸臂可扩大船的抓取范围，将清洁效率增加20%以上。延伸臂上安装的高精度滤网，可有效过滤掉湖面难以清除的浮藻水草等。船尾安装的涵洞推进器可以产生 500N的推力，同时加装防护网，能有效地防止水草缠绕。无人清洁船的操作非常简单，操作员可以直接在电脑端、手机端的App中，远程设置环保船的启动时间、运行路线以进行远程控制，并能实时获取相应的水质、场景数据，从而更好地管理和了解水域。同时，该团队还开发了一种自主跟踪算法，可以让环保船沿既定路线自动导航。在复杂的水域环境中，环保船仍然能够通过毫米波雷达系统自动避开障碍物，并可以在低功率下自动返回。

（3）生态恢复见成效，人与自然和谐共生。外沙湖地处武汉中央文化区的中心地带，曾一度被列为劣五类水质，居住在此的居民为此苦不堪言。武汉政府决定整治外沙湖，并引进了无人清洁船来辅助工作。无人清洁船能打捞的垃圾种类基本覆盖了河道垃圾，包括树叶、水草、水葫芦、浮萍、小树枝、垃圾袋、矿泉水瓶等。由于该船采用电池驱动，在水面作业，可达到零排放。同时，在行驶的时候，没有任何的噪声污染，非常环保，如图2-20所示。经过一段时间的治理，外沙湖的生态恢复取得了初步成果。白鹭、夜鹭、黑水鸡、海鸥、鱼鹰、野鸭等在治理后的外沙湖经常会被"偶遇"。"环境变好了，过去搬出去的邻居又重新装修房子准备搬回来。"以前夏天雨后，只要刮风就能闻到湖里飘来的异味，但现在不一样了，不仅原来常常能闻到的异味没有了，清澈见底的湖水和岸边各色植物，还让人有一种身处城郊"湿地公园"的感觉。

图2-20　无人清洁船作业场景

（4）本案例的成效。无人环保船具有小型化、高效率、低功耗、低噪声等特点，适合城市内湖、小型水域的漂浮垃圾清洁需求，其工作效率是人工打捞的6倍以上，目前已在全国多个城市内的多个湖泊水域进行实地考察和试点，反响良好。郭萌睿及其团队将设计视角融入更广阔的领域，赋予设计社会责任感，聚焦环境保护，让科技造福世界。

本章聚焦服务设计的用户价值。通过对发现服务问题现象、分析问题背后根源、解决服务本质问题的理论学习，并结合服务设计实践，帮助读者建立对服务设计的基础认知，从而具备从事服务设计项目实践的能力。本章内容适合一线设计师，以及设计或管理等专业方向学生阅读。

3.1 发现服务问题现象

服务是无形且多元的。以到咖啡厅消费为例，消费者消费的不只是咖啡，还有水电、人工、座位、咖啡杯、餐巾纸等。除此之外，不同主题的室内环境，调煮咖啡的方法、水平，员工的样貌、气质和待人风格，乃至周边商圈和消费群体中潜藏的职业机遇和氛围，都有可能是影响消费者选择和感受的不同因素。在消费者关注的不同服务元素中，一些是可见的物质基础和物理环境，一些是非物质的时间、水平和态度。从消费习惯来说，消费者对其中的一些物质或非物质的条件有明确的心理预期，例如说必备的物质条件、服务提供者必须付出的劳动，以及相应的时间与技能。另外一些则是在基本需求之外的惊喜，包括服务提供者精心营造的差异化服务，例如主题环境、纪念品、个性化促销活动，也可能是服务提供者和顾客之间充满不确定性的社会互动，甚至可能是在这一特定场景下的一次意外浪漫经历给消费者所带来的特殊记忆。服务是一个综合了多种物质基础、多样化的非物质条件和复杂社会互动的多元设计对象[7]。

3.1.1 发现合适的服务创新机遇

服务创新机遇与消费者的生活方式密不可分。寻找与企业匹配的服务创新机遇，可以从两个视角入手：一个是将消费者的生活环境作为创新语境去看待，研究如何去适应和匹配，在消费者生活环境中找寻创新机会点；另一个是将消费者的生活方式作为创新对象去看待，仔细研究如何去引导和塑造消费者的全新生活方式。不管从哪种视角，服务设计者需要把自己置身于用户的生活场景中，观察用户的生活方式，用同理心去感受用户的实际生活，包括日常生活中的行为习惯、所使用的器物、所推崇的产品、所期待的理想生活状态等。

如图3-1所示，传统上，企业会采用第一种方式，以解决当下生活语境中具体痛点或满足某个特定需求为目的，通过深入一线调研消费者的生活环境，找到能解决消费者生活问题的实际需求点，在适者生存的服务语境中去探求服务创新。本书的观点是：新时期，决策者应当考虑第二种方式，提倡以引导理想生活方式为目标，在已有资源和服务能力的基础上，大胆尝试新举措，从小的服务接触点去创造更好的契机，通过营造合理的环境和氛围支持自我选择和培养行为习惯，以至产生蝴蝶效应，给社群带来新的价值观[8]。

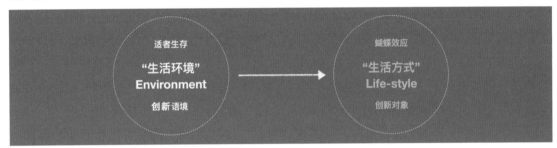

图3-1　发现合适的服务创新机遇

3.1.1.1　微信是一种生活方式

本案例摘自微信从一个即时通信工具发展到一种生活方式的故事。自微信2011年面世以来，大众的生活也在跟着改变。当全球有超过10亿活跃用户的时候，当人们在朋友圈的点赞和评论中获得成就感的时候，微信不仅成了很多人生活中不可或缺的一部分，也改变了人们的行为方式、生活习惯，乃至价值观，如图3-2所示。回看微信是如何一步步发展起来的，相信大家对微信会有更多的理解。

图3-2　微信是一种生活方式

（1）微信1.0的出现抓住市场痛点创新服务对象。微信1.0的主要功能只有信息收发、照片分享、设置头像。彼时的微信如同一个缩小版的QQ，仅限于与人进行线上聊天、沟通，满足了当时互联网新兴环境下人们对即时通信的需求。随后微信进入快速迭代期，更新了群聊、发表情等功能。微信1.3是一个经典版本，用户能在微信快速切换聊天、通讯录、找朋友和设置4个栏目。区别于当时的QQ，微信把聊天信息从通讯录剥离，形成类似"瀑布流"的形式，提高了社交效率，这让微信初期累积了400万用户。

（2）微信2.0拉近了人与人的距离，打开新的生活方式。很多人是因为语音功能而用上微信的。微信推出语音功能后，摆脱繁杂的输入法，扩大目标用户让其跨越年龄和教育阶层。随后微信在2.1~2.5版本中更新了同步通讯录、接收QQ离线信息，以及"附近的人"等社交功能。微信创造出的新举措——"附近的人"，基于用户定位社交，让陌生人社交成为潮流。

（3）微信3.0让新的生活方式成为日常。比2.0版"附近的人"更火的，莫过于3.0版"摇一摇"了。为了营造积极的环境和氛围，"摇一摇"也进行了一系列改变，2011年是微信的出生年，当年的最后一个版本是微信3.5，3.5版的发布使交友这件事变得更加轻松与自如，大家见面就是"加个微信吧""我扫你吧"。同时，微信也不负重托，在二维码社交发布三个月之后，也就是2012年3月，用户突破一亿。

（4）微信4.0基于大量用户，量变到质变产生蝴蝶效应。4.0版使微信从聊天软件上升到社交平台，主要功能包括相册、朋友圈、第三方App分享、位置共享等。现在每天7亿人在用的朋友圈，就是从4.0版本诞生的。除朋友圈功能之外，新版本还带来了开放接口，支持从第三方应用向微信通讯录里的朋友分享音乐、新闻、美食、摄影等消息内容。新版本支持将图片、视频转发给其他微信朋友。通过"支持App分享"这个新的服务接触点，微信真正成为一个社交平台，在此之前，微信只是一个即时通信工具，而在一个聊天工具里面去做社区，在全球互联网历史上其实是没有过的，这为微信后期发展带来深远的意义。在5.0版之前，微信在做好聊天功能的基础上，大胆尝试强化平台属性的新举措，推出视频聊天、撤销语音输入、下载表情、导航、扫一扫、微信公众号平台等功能。这些服务触点为后期的微信支付、扫一扫加好友等核心功能做了铺垫，创造了更好的契机。

（5）微信5.0开始添加商业化的产品。该版本微信添加了表情商店和游戏中心，扫一扫功能全新升级，可以扫街景、扫条码、扫二维码、扫单词、扫封面。同时，微信发布了微信支付、游戏中心、表情中心三个志在让微信实现商业化的产品。让一直不温不火的腾讯支付在变为而微信支付后，实现了盈利。之后，微信推出5.1版本，其设计风格一直沿用到2018年，极简风格适应用户群体的审美习惯，且受到广大用户的喜爱。5.2版本后，微信推出钱包、转账、面对面建群、朋友圈定位、微信搜索等功能。朋友圈定位掀起了"打卡"热潮。"微信搜索"这一服务接触点的推出，为现在的服务搜索做了铺垫。

（6）微信6.0创新的生活方式带来新的价值观。微信开始喊出自己的定位：微信，是一种生活方式。6.0～6.4版本主要功能包括短视频分享、卡券、微信红包、附近餐馆、收付款等，如图3-3所示。从2014年开始，微信推出了短视频，而如今，微信依旧是短视频的流量大平台。微信红包是一种非常便捷的转账方式，它已经成为人们的一种生活习惯。值得一提的是，"附近餐馆"在2015年就推出了，可以看出微信搜索的商业探索早已布局。微信6.5版本中微信小程序的诞生，省去了App下载、安装的烦琐过程。扫码购、查公交、看天气、线上购物、玩游戏……这些小程序即开即用，让微信打破边界，真正成了人们生活中的一部分。

图3-3　美食点餐

（7）本案例的成效。很难说微信从一开始就有社会文化建构的清晰路径，但不可否认的是，微信的确是当下生活方式和社会文化形成的重要触发点。微信推出过很多功能，有些沿用到现在，成为人们的生活方式，例如微信红包、朋友圈、微信支付等；也有一些功能，直接被关闭，例如"长按加好友""微博分享""连接键盘""漂流瓶"等。正是由于微信不断自我否定、不断适应新时代的精神，才让一款聊天软件成为"一种生活方式"。微信从通信、社交功能到自媒体、支付、金融，以及小程序的加入，就是通过社会和自然环境的营造，为用户提供全方位的生活服务，从而也改变着每一个人的生活。自从微信的功能完成了从"追求即时通信效率提升"到"关注能给生活带来意义"的跨越，微信的成功不仅仅在于抓住了互联网时代的机遇，还在于其基于已有资源，不断地根据环境变化迭代新产品，不断寻找小的服务痛点，提供全新的服务。

3.1.1.2　麦昆塔未来乡村规划

麦昆塔社区位于成都西来小镇，是新老村民以党建引领、村社企共建共享为模式，协力合作开创的一种全新的乡村发展模式，如图3-4所示。麦是植物，昆代表动物，塔是人类文明的象征，意味着人、自然和社会和谐共融的生活。50余名"新村民"横跨"60

后""70后""80后""90后"四个代际，基本都来自北上广深一线城市，许多人有着海外求学、生活、工作的经历。为了心中田园生活的梦想，他们以自身为样本，来到这里开展一场乡村振兴、城乡融合的试验。

图3-4　麦昆塔未来乡村规划

（1）创始人施国平抓住当代人痛点创造新的生活方式。施国平是麦昆塔社区总规划师，他从小生活在湖南乡村，长大又远赴美国求学与工作，回国后在上海创办了自己的建筑师事务所。施国平曾经做过乡村规划的蒲江县明月村，现在已从昔日的贫困村变为"明星村"。"明月村走出了一条乡村发展的新道路，推动了乡村振兴，"他说，"给明月村做规划的那几年，正值不惑之年。穿梭在城市与乡村之间，看到许多想从城市返乡、追求田园生活的新村民和回不去故乡的老村民，我开始不断在内心追问，这个时代我们的理想生活到底是什么？我到底要过什么样的生活？"2016年，施国平希望探索一条以田园生活方式为目标的理想之路，吸引了来自全国的青年规划师与建筑师。50余位"新村民"都是直接或间接因施国平而来，他们的资源构成了一个完整的产业链闭环。这些各自领域的"精英"，按照专业分成了金融投资、运营管理、规划设计、教育公益、文化艺术、创意设计、生态农业7个团队，将自己的专业所长用于乡村建设。除了50位常驻"新村民"之外，还有300多位来自北上广深的"候鸟新村民"。施国平说，"我们这些'新村民'把自己当成研究对象，如果能安居乐业，就能探索出一种人才落地乡村的机制，成为创业的基础。"在乡村现有资源的基础上，"麦昆塔社区"以"回归自然、回归土地、回归平凡"的精神，展开了一场系统化的真实乡村建设实践。

（2）从一些小的服务接触点去创造更好的生活方式。麦昆塔社区的规划与"用心"二字有关，从纸上谈兵做规划到用心去感受每一片土地，从"规划"中学习如何才能真正造福人们。麦昆塔社区的建设需遵循两个大规划原则，第一原则是散而整、小而精、简而美。散而整是指布局遵循整体规划，分散聚落，让乡村始终是一个具有田园气息的自然村落；小而精是指建筑体量化整为零，推动生态节能的小建筑服务于乡村的休闲文化产业；

简而美是指通过传承东方文化的空间美学，化繁为简，返璞归真，尽可能保护仍留存的"人、田、宅、林、水相互共生"的生态生活系统。第二原则是不大拆不大建。最大限度利用乡村各类闲置的资源，巧妙进行最有效的优化重组与价值转化。依托乡村的自然资源为基础，把传统的农业向新生态农业转变，把传统的风景变为新的消费场景，为实现生态生产生活生命一体化、田业手业物业产业场景化、宜居宜业宜游宜养的幸福美丽新乡村创造良好的契机。在已有资源和服务能力的基础上，施国平提出新生活愿景："把麦昆塔森林的八层空间，都融入我们的生活之中。这一次，我愿作为生活于斯的村民，为家人、为孩子、为这片土地上的一切生灵，创造出一个美好的、共享的、和谐的理想家园。"

（3）引导理想生活方式为目标。荷兰注册建筑师Alan是建造麦昆塔社区的人员之一，他动手能力极强，又热爱耕种，愿意将自我投入到建设麦昆塔社区的生活之中。在建造时，Alan就在思考四川拥有如此之多的竹子，是生态环境的最佳原料，是否可以利用它创造环保、舒适、可规模化定制的自然建筑？为了解决这一问题，Alan找到了中国最领先的竹材研究团队，经过五年的反复设计与实验，迭代出了麦昆塔云集建造体系，让一座房子如一棵树、一朵花一样"种"在自然里。现当代各个领域竞争激烈，当人们不停地去追求成功的时候，反而会失去自己的生活；当自己放弃追求，全身心地真正去热爱和投入生活时，成功会不期而至。

（4）营造合理的环境和氛围支持自我选择和培养行为习惯。乡村是城乡生命共同体的食物源头。农业不仅关系着一方水土的永续，更关系着中国所有城乡居民的身心健康。蒲江县三分之一的土地上种植着丑橘、耙耙柑等柑橘类水果，销往全国乃至世界各地的餐桌。从想让这片家园恢复青山绿水的纯净，为心爱之人奉上一口天然健康的食物开始，大家开展生态农耕、不用农药化肥、不用除草剂添加剂、一二三产结合的生态休闲农业产业试验，如图3-5所示。村内环线包围着一圈生态农业产业园示范区，其中36亩果林分属于9户农民。在这里，新老村民成立的村企联合体，将整体租赁这些物业，形成一个专业合作社集体经济，通过整体规划实现整体的建设与运营，打造一座生态疗愈的度假乐园。这里展开了丑橘蛋糕、丑橘果酱、丑橘精油、丑橘咖啡、丑橘手工纸等产品的研发。基于城乡共享、共同富裕的初心，本地村民都可以通过集体经济入股村企联合体，参与专业合作社，实实在在地分享共同的探索成果和收益。村民陈飞说，2017年以前，她家里的收入来源只有丑橘种植，"新村民"入驻后，业态更丰富，产业链条更完整，她成为"铁牛妈妈"餐食服务队的一员，兼职厨师时还有劳务费，她还是村上旅游合作社的讲解员，"收入渠道比以前更多了，家庭收入也有大幅增加"。

（5）通过绿色食物让新生活方式产生蝴蝶效应联动北上广社区。在麦昆塔社区，种菜、做菜、吃饭是最重要的事情。社区全体成员都参与了农田的亲耕，轮流下厨，尽可能使用新鲜的时令蔬菜，用朴素的调味料和烹饪方式，创意出健康可口的饭菜。于是，实用整洁的公共厨房、美味健康的西来食谱、一个又一个朴素好看的自然餐厅逐渐地出现了。

图3-5　生态休闲农业产业试验

社区小伙伴还留在了西来过春节，大家共创了一场"西来家宴"。"铁牛妈妈"餐厅还推出了二十四节气为主题的菜品，由妈妈们和"新村民"用当地的食材共同创作。从农田到餐桌的麦昆塔食物疗愈体系，以食物疗愈课程为核心，开发了最美的田野餐桌，供数以百计的人享用。此外，社区还在筹备疗愈度假酒店、健康甜品实验室、创意面点实验室，以及联动北上广川生态农场的社区搭建农业会员体系。

（6）新生活方式走进日常生活。现代社会，工作是造成人们身心疲惫的一个重要因素。不少企业家将麦昆塔社区的生活与工作方式带回公司，使企业产生许多积极的变化，这无疑为当今的职场群体注入了新的价值观。上海创邑总裁方文、曾带领团队多次创业的王琛以及"90后"公益领袖修培，共同组建了"乐芒"核心团队。"乐芒"是一场关于工作的幸福变革。70多位麦昆塔居民首先从自己开始饮食有节、起居有常，打造平衡工作与自然的"乐芒式"幸福工作。大家共创了乐芒田野办公中心、"尬舞别院"共创民宿，一起学习怎么样将工作变为快乐的共创。通过打通乡村办公与城市办公，团队成员把更多的幸福、生态与身心健康的理念与方法带入到工作中。

（7）本案例的成效。从微观上看，施国平团队的到来，在很多方面增加了原住村民的收益。固定租金、劳务收益、农特产品销售渠道增多，村企合作+多个合作社的运营，都给老村民带来了看得见摸得着的幸福感。目前，村里已经有20多名青年返乡创业，200余户村民主动参与生态果园提升和乡村休闲产业发展。麦昆塔社区致力于通过乡村振兴，把田园牧歌生活带给更多的人。

3.1.2　分析服务机遇的潜在价值

在服务过程中，软硬件器物只是实现服务行为的媒介、工具或手段，消费者获得的不只是单一的软硬件器物，例如咖啡杯子，而是以软硬件器物作为媒介的一个完整的服务体验，例如愿意拿到咖啡杯子后进行拍照分享。分析服务机遇的潜在价值，重点在于分析是否有逻辑地创造价值，即如何在合适的"场景"中运用合适的"手段"去合理地组织"人"和他们的"行为"，从而实现某种合理的"目标"。

如图3-6所示，传统上，企业分析服务机遇的潜在价值，会从服务本身入手，关注可以提供的服务内容清单的数量和质量，重点考虑服务提供过程中和消费者接触点的体验感受。希望通过更完整的内容清单和更高端的服务品质来提升客户满意度，从而激发服务机遇的潜在价值。本书的观点是：新时期，决策者应当从消费者的行为入手，特别是消费者的生活方式本身入手，优先调研清楚消费者日常工作和生活中是否需要相应的服务，以此来对服务机遇的潜在价值做评估分析。另外，由于消费者的特征和行为复杂多元，所以决策者需要将服务接触点统筹地加以系统化考虑，不仅要考虑消费者本身需求，而且要考虑企业自身能否有效提供相应的服务能力。

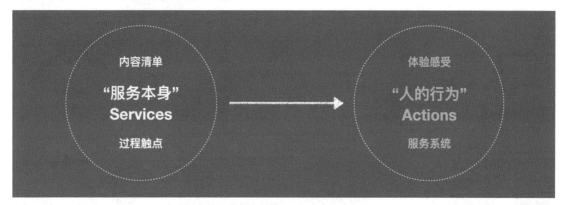

图3-6　分析服务机遇的潜在价值

3.1.2.1　社区生鲜之叮咚买菜

叮咚买菜定位高品质的生鲜到家，以"品质确定、时间确定、品类确定"为核心原则，将前置仓建立在社区周围一千米内，根据大数据测算并通过测算结果来确定服务人群及其消费能力、水平等，确保消费者在任何时候、任何地点都能购买到高品质的生鲜产品，如图3-7所示。叮咚买菜强调"订购后29分钟内送达"，同时，通过对新鲜食材和相关原料的全面布局，帮助消费者一站式采购烹饪必需品，建立良好的体验，从而建立起与用户高度的信任感，培养用户使用习惯，提升用户黏性。

（1）生鲜电商模式的前置仓。"前置仓+到家服务"是叮咚买菜吸引资本的重要因素。所谓的"前置仓模式"，通常是在社区5千米以内建立仓库，通过数据分析和供应链资源，挑选出合适的商品，然后通过总仓配送至前置仓，进行小仓囤货。同时，组建物流团队，在消费者订购后，将商品从前置仓配送到消费者手中。在此模式之前，生鲜电商的损耗、时效、配送成本问题等都是电商行业的痛点，前置仓的出现，让这些问题得到了有效解决。从"中心仓囤货+长半径运输"模式，到"分布式囤货+短半径运输"，一度被视为生鲜电商的又一突破，也因此吸引大量资本涌入。前置仓就像是一个小型门店，只是将消费者的购物场景改成了送货上门，让消费者可以体验足不出户的消费环境，且不会因为长时间运输导致生鲜变质等。从用户的全方位体验上出发，为用户提供高质量高效率的一站式服务。从固定成本构成上来看，和传统门店并无区别。不同的是人力成本：传统门店主要是以销售为主，叮咚买菜是以配送为主。由于前置仓不需要客流量大的门店，所以可以选择仓库、废旧闲置房屋等，这样的做法可以较大幅度地降低房租成本，这就是前置仓商业模式的基本定位，如图3-8所示。

图3-7　社区生鲜之叮咚买菜

图3-8　前置仓场景

（2）精诚所至在每个步骤都精心创新。

采购端：主要以成批采购、品牌供应商直供为主。叮咚买菜采取了集中采购的模式，既保证了蔬菜、水产等难以长途运输的生鲜产品的质量，又降低了损耗，同时补货更为容易、产品较为齐全、价格相对稳定，相较于门店的营业方式，前置仓模式价格更加透明公开，且少存在期货、积压货物等情况，无形之间关注到用户体验。同时，为保证食品的安全和质量，也有品牌直接供应。与源头采购方式相比，成批采购的模式更短、更轻，可以有效避免高昂冷链配送成本。

配送端：采用前置仓模式，提供配送到家服务。叮咚买菜在社区周边一千米内建立了前置仓，商品先由中心仓统一加工后运至前置仓，消费者下单后由自建物流团队29分钟内配送到家，且当单仓的日订单超过1500单时则裂变成两个仓确保企业具有高效的执行能力，保证高效配送，"0配送费+0起送"更好满足即时消费需求，达到提升使用感受的目的。

营销端：轻营销方式快速推广。叮咚买菜通过"妈妈帮""社团+分享"模式及地推等方式，实现社区内用户快速传播，轻营销方式实现快速推广。

此外，叮咚买菜还使用大数据对整个全产业链进行赋能，实现精准预测、生鲜的低滞销和低损耗。采购前，利用"订单预测"对用户的订单进行精准预测，并根据预测的结果进行采购；在销售端，通过用户画像及智能推荐，实现对目标客户的精准推荐，并通过自建物流配送体系，实现智能的调度、优化最优配送路径，使产品能够快速送到客户的手里。

（3）营造合理的环境和氛围给用户全新贴心体验。与传统的门店购物不同，叮咚买菜的消费场景变成配送到家，但要想提升"回头率"，还需要提升用户体验。叮咚买菜的核心客户群为25～45岁，以中等收入的城市白领和三口之家为基础，调查发现，这类人群日常工作繁忙、闲暇时间稀缺，更加看重便利性，生活中自然就需要线上下单、配送速度快、服务质量好的服务；相比于习惯去菜市场的老一辈，此类人群对价格的变化并不是很在意，也不会挑菜，更在乎商品品质的稳定，一旦形成购买习惯很容易复购。因此，针对中等收入的城市白领和三口之家，叮咚买菜有着巨大的市场潜在价值，对于这群消费者的即时购买，叮咚买菜也确实做出了自己的亮点。叮咚买菜有时20分钟就可以送到，而且不收配送费，也不设最低起送费，甚至连买一根葱都可以免费送到，打消了用户对配送成本的顾虑，对于经历过为了免运费而凑单的消费者，更是让他们对叮咚买菜产生了好感。根据消费者的不同需求，叮咚买菜也会尽可能做到最好，有些消费者需要活鱼活虾，平台就会提供一个自带输氧装置的水产配送箱，有时候还会帮消费者把垃圾带下楼。这些微小的服务触点，既可以满足消费者本身的需求，同时也使配送员具有了提供相应服务触点的能力，拉近了与消费者之间的距离，提高了消费者体验，使用户的好感不只停留在消费层面。

（4）本案例的成效。叮咚买菜于2017年5月上线，截至2019 年12月，叮咚买菜单月营收达到 7 亿元。叮咚买菜的成功依附于对消费者想"足不出户"就能买菜的互联网生活方式，并明确找到需要此类服务的消费者，因此具备了较大的市场潜力。此外，叮咚买菜能够在企业自身服务能力范围内，提供许多额外的服务，满足消费者更多的需求。叮咚买菜的成功让盒马鲜生 CEO 侯毅都曾直言"受到了叮咚买菜的威胁"。叮咚买菜以"蔬菜+调味品"为核心，打造一种能满足消费者一日三餐的全品类生鲜的前置仓模式，这无疑会提高叮咚买菜App的使用频率，模式上也是一种创新。以叮咚买菜为例，我们看到的区分点是其结合行业痛点做出的很多个充满温度的"微创新"，看似简单，背后的技术与物流支撑更考验供应链硬实力。叮咚买菜之所以出类拔萃，并不是因为一点两点的与众不同，而是所有用心之处所构建的一套顺畅的产品综合体验。细节的力量也许是渐进式，但积累之下产品生态的完整性与独特性便浑然天成。叮咚买菜的很多小设定与复购无关，直接提高的是产品体验，但方方面面的用心最终都会以用户的复购与口碑推广回馈而来。

3.1.2.2　安琪儿高端妇产医院

安琪儿妇产医院提供孕前、妊娠、分娩、月子、产康、儿科儿保到女性身心健康的一站式、高品质的国际化医疗服务，如图3-9所示。2008年安琪儿在成都开了西南地区第一家中高端妇产科医院。2012年，成都安琪儿通过JCI国际认证，成为国内第15家JCI认证医院。JCI标准是当前全世界公认的医疗服务标准及世界卫生组织认可的认证模式，代表了医院服务和医院管理的最高水平。

图3-9　安琪儿高端妇产医院

（1）创新国际化经营理念为安琪儿打开市场。2001年，卓朝阳创办了四川爱德华投资集团，旗下有成都博爱医院等几十家民营医院，遍布成都、重庆、昆明、贵阳等西部城市，有专科类也有综合类。不过很快，他发现了问题，"能赚钱，却得不到所有人的认同，也得不到尊重。你说你是爱德华投资集团，别人问你是干吗的，要解释半天，根本做不出品牌。"不能从服务消费者的角度考虑问题，就很难从根本上解决医院的"招牌"问题。卓朝阳决定把安琪儿公司的企业理念定为"惠人达己，守正出奇"。与此同时，中国社会正处于高速发展的阶段，医疗行业蓬勃发展，但面对中国近14亿人口的医疗需求，仍显乏力，看病难成为中国人时下的痛点，公立医院占有绝大多数市场的单一行业格局制约了医疗行业服务水平的提高。专业、个性、尊贵的医疗服务在时下的中国更是匮乏，安琪儿成功抓住市场的需求，专注于为中外家庭提供高品质的产科、妇科和新生儿科服务，坚持"诚信、品质、开拓、进取"的办院宗旨，集医疗、科研、预防、保健、康复于一体，满足了市场高端消费人群的医疗需求。安琪儿也非常注重人才的引进与培养，引入了各地的医疗人才，他们拥有资本、医疗等领域的丰富经验，具备国际化的视野和基因。

（2）营造安全、科学的创新语境。一家医院，不仅要有舒适温馨的环境，如图3-10所示，更要有良好的医疗条件，才能够达到满足消费者多方面需求的目标。当前，公立医院依然是一家独大，几乎垄断了国内绝大部分的医疗服务，"重公轻私"的传统医疗消费习惯难以转变，而民营医疗机构虽然有优质的服务态度和环境且一直在朝专业化方向发展，但难真正赢得民众的信任。立院以来，安琪儿没有让一个家庭失望，8000多个宝宝在这里安全出生，零医疗事故发生，客户满意度高达98.2%。

图3-10　安琪儿内部环境

（3）差异化的完整服务产业链让生育成为浪漫的体验。安琪儿医院创新设置"3H"管理理念，即Hospital（医疗保障）、Hotel（酒店舒适）、Home（家庭温馨），以及"9对1"服务模式，提供早孕、产前、生产、产后全套服务。安琪儿注重的是满足产妇的多种现实需求，将安琪儿医院各个科室、医护人员、服务人员联合起来，平均9个人服务一名产妇，客户甚至可以通过App查阅自己的档案，让客户的体验提升。如果你是一位安琪儿的客户，明天要做产检，会有专门的医生提前帮忙预约，到点做完检查即可离开。安琪儿注重系统化的服务。例如，非常注重对客户隐私的保护，不允许耽误客户的时间等，这些接触点为产妇带来五星级的医疗服务体验。在成都，一家已经运行成熟的安琪儿，一年内平均会有2500位婴儿在此降临，生产那几天，平均客单价在3万～5万元。安琪儿以生产为中心点，涉足产业链的上、下游，例如提供配套的月子会所、产后康复中心、儿童保健等服务，同时选择品牌有保障的第三方来合作开展脐带血、婴儿拍照、母婴产品等服务，全面、系统的体验给客户留下深刻印象，提升口碑，也可以达到传播的目的。

（4）本案例的成效。高端定位掀起医疗服务的体验革命。安琪儿妇产医院首创的3H管理模式系统化地将酒店的舒适、家庭的温馨和医疗的安全有机统一起来，并采用9对1的服务模式，为客户提供五星级的产房服务，特别注重准妈妈孕产过程中的感受，彻底颠覆了传统妇产医院的概念。

3.2 分析问题背后根源

服务作为商品，具有易逝性和异质性的特征。服务的易逝性是指由于服务的生产需要消费者的直接参与，当消费者与服务提供者之间的互动关系结束的时候，服务作为一种特殊的商品也随之消失，而不能像传统有形商品那样被储存或占有。服务的异质性是指在同一时间、同一地点，接受同类服务，不同的顾客因为自身性别、年龄、教育背景、职业、行为习惯、宗教等个人原因，和服务提供者之间产生完全不同的互动，感受着完全不同的服务体验。由于服务的生产和消费是服务提供者和顾客在特定的环境和语境下互动产生的，所以服务的异质性不仅体现在不同的顾客在同一家餐厅就餐可能获得的不同感受，而且由于物理环境、社会氛围乃至气候等环境因素会影响服务接触中不同参与者的情绪和互动，所以同一个顾客在不同的时间消费同样的服务的时候，情绪和同伴的变化也可能影响其和服务提供者之间的互动，从而获得完全不同的服务体验。在众多因素中，服务接触中服务提供者和顾客的互动是最不确定的，用心服务的员工可能因为顾客的不尊重而改变服务态度。同样，满怀期待的顾客也可能因为员工的怠慢而变得索然无味。这种由人际互动偶然性所产生的不确定性，体现了服务异质性，也体现了服务生产和消费中因依赖共同创造所产生的服务体验的不确定性。

服务体验的不确定性为服务设计带来了与传统实体产品设计完全不同的挑战，为服务产品的差异化和个性化提供了无限的可能。从某种意义上讲，旅程地图、服务蓝图、服务共创、服务表演等设计方法都有助于设计师预判整个服务流程中可能出现的服务接触点，以及不同接触点上影响用户体验的相关因素。

3.2.1 借助旅程地图来创造惊喜

研究数据表明，80%的公司认为自己提供了"最优质"的服务，而只有8%的用户反馈体验到了所谓的高质量服务。究其原因，是在服务体验中顾客与服务提供者之间即时互动产生的服务异质性，导致设计师无法在设计阶段完整策划或标准化每一个服务接触的细节，很难保证不同的客户都能获得一种相对稳定、符合预期并且积极的服务体验。所有的体验都是人与其所处环境相互作用的结果，体验不只是简单的在环境感知基础上的行为互动，行为过程及行为结果也必须被感知和感受[9]。

如图3-11所示，传统上，通过复制别人的成功模式可以有效降低创新风险，所以，企业一般会采取这种稳妥方式，以达成消费者的预期为基本目标，将资源投入在必须付出和提供的物料及硬件方面，由此导致国内各行各业的服务趋于同质化。本书的观点是：新时期，决策者应当借助旅程地图工具，分析消费者在接受服务的过程中的心情变化、体验痛点和改进机会点，进而挖掘企业可能额外提供的服务事项，以及通过消费者与企业员工的共同参与可能创造的惊喜内容。如果消费者拥有超出期望的服务体验感知，那么消费者与品牌的黏性会增加。

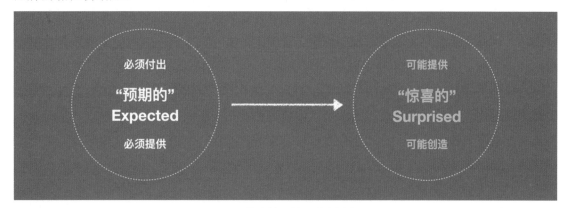

图3-11　借助旅程地图来创造惊喜

3.2.1.1　肯德基高效用餐体验

本案例摘自肯德基探索全新子品牌KPRO的故事，肯德基从0到1开展整店体验和服务规划，从而打造更符合年轻人生活方式的用餐新体验。2016年年初，在"新零售"概念还未被明确提出之时，肯德基就已经洞察到线上线下融合的趋势，以及数据化经营的重要性。KPRO 诞生之初就瞄准城市高端商场，因此，KPRO 的核心顾客群体就很明显地指向了有一定消费能力的年轻白领。他们有自己追求的生活方式和潜移默化受到消费升级影响的消费标准，并且会以此消费标准选择并衡量自己接触的事物。而随着社会生活节奏越来越快，顾客希望在享受不错的服务的同时花更少的时间吃上饭，如图3-12所示，这也符合KPRO的目标定位——在提高效率的同时，还能让顾客体验优质的服务，使需求与定位相结合。

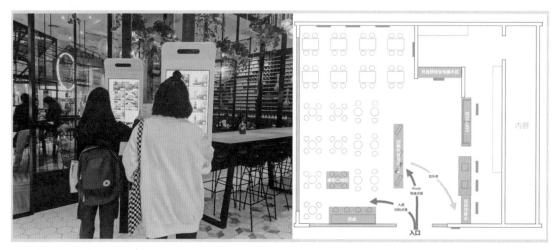

图3-12　肯德基高效用餐体验

（1）抓住服务体验的痛点问题，为提升用户体验提供新思路。借助服务设计中的旅程地图工具，站在顾客的视角还原吃饭时的场景：时间很赶又不知道吃什么，不如就找个附近能快速吃完走人的餐厅吧。柜台前要排队，一边考虑吃什么一边看手表，心里抱怨了一万遍"怎么还没到我"。服务员一直问点什么，后面还这么多人，压力好大，随便吧。终于点完了，但这么多人，要在柜台哪里等出餐？总算拿到餐了，怎么找不到空位子呢，好烦……这样的快餐好像并没有特别快啊！直到吃上第一口食物，顾客的烦躁才会有所缓解。由此可见，排队这件事首先就让顾客望而却步，很多顾客在等待的时间里不耐烦走掉，连带损失的是顾客对品牌的好感度。因此在整个用户旅程中，长时间的排队等待无疑是最致命的痛点问题，通过旅程地图亲自体验消费者在接受服务过程中的痛点，从而分析得出肯德基需要改进的点，进一步提取出最需要解决的核心问题：不要让顾客等，也不要催顾客，如图3-13所示。

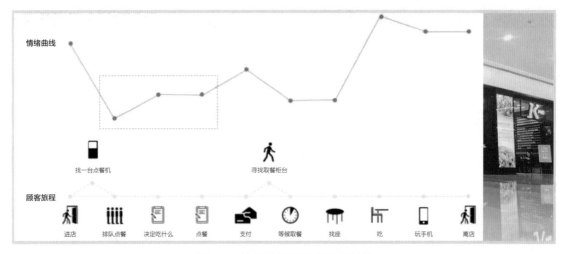

图3-13　从用户旅程图中找出痛点

（2）创造出一种舒适高效的用户体验模式。KPRO的目标顾客具有手机不离身的群体共同特征，且对于数字化体验的接受度也比较高。因此，肯德基挖掘出能够额外提供的服务：将线上数字技术、线下点餐与用餐体验结合起来，重新规划了用户旅程，顾客进店之后除柜台点餐外，还有多种点餐方式供其选择。顾客如果带着手机到 KPRO 用餐，他可以提前入座，使用手机扫描桌面上的二维码进行线上点餐；或者使用自助点餐机，点餐完毕取定位器并进行扫码，即可随意入座，无论顾客选择哪种点餐方式，餐食都会由服务员及时送到顾客餐桌上。这样高效的服务流程，可以很好满足用户不拥挤、不排队，快速用餐的目的。当然，如果顾客希望打包带走，也可以直接去外卖柜台进行点餐。点餐方式的多样化，让不同顾客可以根据当下需求自主选择点餐方式，有效地分流人群，缓解店内大排长龙的压力。另外，为了增加服务的体验感知程度，让消费者有优异的消费体验，还需要将传统的快餐店取餐模式转换为服务员送餐的模式，从而提升服务体验的高级感，同时尽可能避免顾客在点餐区聚集，顾客也可以更从容地期待和享受美食，不用担心端着餐盘找不到座位，或者独自就餐中途加餐后发现座位被占领的尴尬局面了。

（3）打造出一个层次丰富、通透延伸的就餐环境。顾客从进店、点餐到入座，从离座、支付到离店，不会困惑，采用全透明无遮挡的空间设计，动线皆为简单直线，尽可能地减少空间中隔断隔墙的使用，通过简易的钢结构起到空间分隔的作用，使得整个餐厅的空间流动性和视野开阔性大大增强，保证旅程不迂回，具体措施如下：其一，在餐厅门口的广告牌展示推荐食物，吸引顾客的同时，让顾客在进店前就做好点餐决策，可以有效避免在吧台选餐时纠结，导致其他用户体验降低；其二，在门口醒目位置告知顾客店内可以通过手机点餐，吸引顾客入内就座，将自助点餐机设置在不进店就能看到的醒目位置，引导顾客以最快的速度开始消费，降低流失率；其三，将相对较慢的堂食区域与希望更快的外卖等待区域分开布局。堂食区域靠里，顾客可以安心享受用餐，还可以看到开放厨房制作食物的过程；外卖区域靠近门口，等候外卖的顾客可以尽快获得心仪的食物并离开。

（4）将新兴技术使用在点餐方式上，设计一种自助点餐机。调查结果显示，用户不是没有使用自助点餐机的意愿和需求，而是由于功能不佳或不会用，所以只能去柜台点餐。因此，在重新设计自助点餐机体验时，设计师明确了三个设计原则：其一，要比柜台有更从容、舒展、清晰的食物陈列，让顾客使用起来轻快无压力，具有愉悦感；其二，要比柜台更方便，操作符合顾客的直觉，路径清晰、步骤简单且更快捷；其三，要让所有人都会用、所有人都能用，功能足够承载顾客的常用需求，无须学习成本，就能最直接、最容易上手，获得最好、最优质的体验。在自助点餐机的外观设计上也秉承三个设计原则：其一，美观、实用，能在线上解决的问题，绝不会交给线下。例如，充分利用微信公众号渠道，将纸质单据转化为线上发送，而且去掉了打印机之后的自助点餐机外观更加轻薄；其二，越简单越友善，一体化的简单造型，容易被更多人所接受；其三，具备高度灵活性，统一的外观之下，可通过不同的开槽进行低成本的功能定制，为未来迭代留下空间，如增加刷脸支付功能，只需要将预留的摄像头开口打开即可。

（5）本案例的成效。KPRO 最初的想法变成了整店体验的概念方案，经历了与室内空间设计的整合、线上线下体验设计的落地、对硬件安装进行指导与调试、与现场营运激烈探讨，最终才真正落地。在服务设计中，通过借助服务设计中的旅程地图工具，KPRO亲身经历找寻到目标顾客"不等、不催"的痛点，进而改变现有的服务模式，看似微乎其微的改变背后，其实都有肯德基各个部门之间的通力协作和巨大投入，这其中不仅对自助点餐机的数字体验和工业外观进行了升级，还将数字点餐的体验调整复用到了手机上，打造了整体舒适高效的点餐体验。

3.2.1.2　招商银行的全局体验

本案例摘自招商银行O2O服务创新设计。在各具特色的互联网金融纷纷崛起时，传统银行面临巨大压力。作为国内领先的零售银行，招商银行敏锐地意识到传统金融服务必须要改变思路与视角，了解消费者在接受服务过程中的心情变化，以便于迫切需要真正以用户为中心进行服务创新，如图3-14所示。

概念提炼阶段

● 理想峰值体验地图

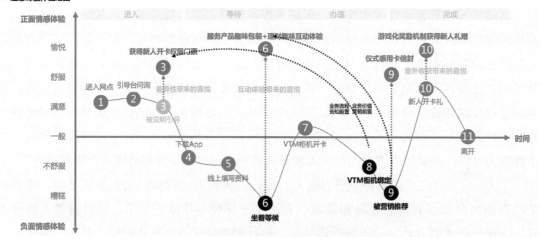

图3-14　招商银行的全局体验

（1）招商银行重视与顾客之间即时互动产生的服务异质性。招商银行不仅重视以手机银行为中心的数字渠道，同时也致力于以新型零售网点为载体的线下服务渠道的服务创新。招商银行从服务设计的角度出发，构架线上线下无缝对接的人性化服务流程，提升整体用户对整体使用体验，从而真正了解用户在消费过程中的痛点和银行能够改善的机会点，在此基础上，招商银行对用户从产生金融服务需求开始，将每一个触点都精心设计，以满足客户对金融服务的需要。例如，大堂经理、客户经理、高柜柜员、低柜柜员、ATM、VTM与手机银行等角色或工具通过细致编排，像旅程地图一样将用户所经历的服务触点按顺序出场，目的是让用户在流畅的服务流程中感觉不到服务渠道的转换，一气呵成，如图3-15所示。在服务设计过程中，重点在于明确了招商银行服务的核心业务场景。针对用户在核心场景下的需求，对场景化的服务流程进行创新，为招商银行用户打造了如迪斯尼电影一般精彩流畅的金融服务体验。

图3-15　角色编排

（2）分析消费者在接受服务的过程的体验痛点和改进机会。为了打造如迪斯尼电影一般精彩流畅的金融服务体验。金融服务体验团队不断地实践，设计团队访谈了50多位用户，探访20多个部门，深度挖掘各利益主体的核心需求，以便于银行可以挖掘、提供更多的服务事项。通过多次协作创新工作坊，与招商银行的决策者们共同对招商银行的核心品牌价值、目标客户群体、优势产品及服务与核心业务目标进行了界定。综合考量各类客群及服务部门的相关利益，在此基础上寻求平衡，寻求突破。让利益相关者特别是决策者突破原有观念，共同参与到和谐、有序、高效的无缝服务体系设计中。

（3）通过消费者与企业员工的共同参与创造的惊喜内容。让消费者拥有超出期望的服务体验感知，那么消费者和品牌的黏性会增加。没有好的体验，再好的软硬件和设计也都是缺乏灵魂的。体验设计需要做到有血有肉有灵魂，如果能让顾客和员工都加入进来，那会带来更多的惊喜。迪斯尼公司用自己的方法搭建了场景，构建了人物关系，并与之进行了交互，为的是给大家讲一个好故事。作为全局体验设计整合者，招商银行以用户为中心，将继续用体验思维协助更多的企业实现服务体验创新，打造全渠道、全触点、全方位的全局服务体验，并帮助更多合作伙伴不断获取商业成功。

（4）本案例的成效。"以用户为中心"，做到切实考虑消费者接受服务过程中出现的问题与变化，招商银行一步步优化消费者接受服务的流程，创造出了更好的服务体验感知。招商银行以用户为主，使其零售客户总数突破 1.4 亿，招商银行 App 用户总数突破 1 亿，App 登录用户数已经占到全行日均流量的 90% 以上，月活用户数超 5500 万，是国内金融行业体验设计的典范。

3.2.2　借助服务蓝图来梳理过程

服务蓝图是一种准确地描述服务体系的工具，它借助流程图，通过持续地描述服务提供过程、服务遭遇、员工和顾客的角色以及服务的有形证据来直观地展示服务。经过服务蓝图的描述，不仅服务被合理地分解成服务提供过程的步骤、任务及完成任务的方法，更为重要的是，顾客同企业及服务人员的接触点被识别，从而可以从这些接触点出发来改进服务质量[10]。

如图3-16所示，传统上，企业不同部门各司其职、分工明确，由负责人牵头对服务任务进行协调，当出现问题时，负责人组织不同部门开会复盘讨论，找出问题后再按部门落实整改。由于服务的各要素和提供服务的步骤是紧密融合的，往往一个服务接触点牵扯多个部门，责任点很难精准定位。本书的观点是：新时期，决策者应当借助服务蓝图工具，站在消费者的立场，识别出服务活动链中的薄弱环节，从而为质量改进努力指明方向。这有助于企业理解内部支持过程和非接触员工在服务提供过程中的角色和作用，从而激发他们为顾客提供高质量服务的积极性和主动性；也有助于明确各部门的职责和协调性，从而有效地避免了部门之间的隔阂。

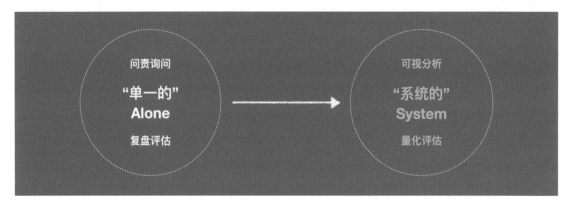

图3-16　借助服务蓝图来梳理过程

3.2.2.1　神州专车的孕妈服务

针对孕妇这类需要特别照顾的群体，神州专车通过系统的、可量化的线上App与线下实体服务，以专业车辆、专业司机相结合的模式为孕妇提供专门出行服务。线上以神州专车应用程序提供预约、途中车辆监测、到站提醒等服务；线下通过专业的司机为孕妇在旅程中提供细致、高品质和安全的接送服务，强化线上和线下的协同合作，更好地提升用户体验，如图3-17所示。

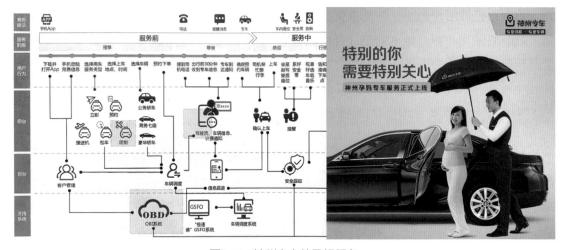

图3-17　神州专车的孕妈服务

（1）识别出服务活动链中的薄弱环节。孕妇作为社会上的特殊人群一直得到广泛关注。在妊娠期，女性身体和心理都会产生一系列变化。而快节奏高压力的都市生活让大多数孕妇只能选择工作到预产期前夕，当然除了工作需求以外，日常购物、产检、聚餐等都是孕妇在孕期不可避免的活动。但就目前状况来说，孕妇出行仍有诸多不便。在可供选择的出行方式中，没有贴合孕妇痛点的出行方式。首先公交车出行由于拥挤摇晃、等待时间长等问题无法满足孕妇出行需求；其次在妊娠早期还可自驾私家车出行，而在孕中晚期自驾存在很大风险，需家人帮忙开车才能出行；再次打车出行出租车司机开车太快太急、车内可能有烟味等，都会引起孕妇不适进而加重孕期反应；网约车出行又缺乏专门针对孕妇的安全保障，以及专业、安全高品质的服务，这是网约车服务中存在的薄弱环节。神州专车发现这个服务痛点。2016年3月16日，公安部中国道路交通安全协会与神州专车在京宣布共同推出中国首部《孕妇专车安全服务规范》，旨在为提高服务品质提供指导，并提出车辆、司机、服务和保障四个方面的服务规范标准，加强对孕妇群体的关注和服务。神州"孕妈专车"采用"专业司机、专业车辆"的定制服务模式，这种模式不仅规避了私家车严禁做专车的法律风险，成为最符合监管要求的专车模式；而且保障了司机权益、确保了服务品质，让司机和消费者都感到满意。

　　（2）构建神州"孕妈专车"服务系统图。如图3-18所示，通过持续地描述服务提供过程，服务遭遇、员工和顾客的角色以及服务的有形证据来直观地展示服务。从接触点出发来改进服务质量。在物质流方面，内部专车司机与用户之间以车辆为载体进行物质流传递；对接司机与租车门店和用户之间通过提供驾驶车辆进行物质流传递；电商平台与线下卖车门店为用户购买车辆提供环境、空间、车辆；外部的医疗救助培训机构、居住教学人员、孕妇用品厂商为用户提供呕吐袋、腰枕、胎教光盘等，各机构之间的协同帮助用户获得安全、省心的体验。从资金流向看，来源于外部的光大银行和浦发银行与用户之间以借贷款和贷款方案进行资金流传递，车管所、汽车厂商、支付平台、保险公司、阿里巴巴、上汽公司等与用户之间进行支付费用的资金流传递，通过信息的协作保证了资金的稳定来源，维护了司机的利益。同时让消费者支付变得既方便又安全。在信息流方面，基础服务系统部分为内外部提供数据信息、车辆调度信息、资讯信息以及反馈问题；神州车闪贷系统为内外部提供优惠信息、车贷信息以及反馈借贷信息等；神州系统为内外部提供车辆信息、质检证明、反馈车辆信息等；神州专车系统为内外部辅导医护知识、保养胎咨询、培训学习等。信息的协同确保专车的安全，性能，在硬件方面确保用户可以安心。通过服务蓝图工具，让神州"孕妈专车"的服务系统明确各部门的职责和协调性，从而有效地克服了部门之间的藩篱和隔阂，让神州"孕妈专车"的服务更精确对标孕妇痛点。

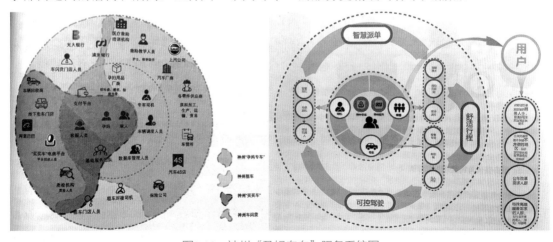

图3-18　神州"孕妈专车"服务系统图

（3）用服务蓝图来分析与客户利益相关的所有利益相关者。具体的利益相关者可分为三类：其一，核心用户，即孕妈、孕妈家庭等。其二，内部直接关联者，即专车司机、车辆调度人员、数据库管理人员、基础服务团队、客服人员、支付平台、孕妇用品厂商。此部分利益相关者为"孕妈专车"服务体系提供日常运作支持，也为"孕妈专车"从司机方面的安全服务体验做出相应保障，同时为"孕妈专车"带来了多样化的商业模式。其三，外部间接关联者，即医疗救助培训机构、救助教学人员、汽车厂商、各零件供应商、车管所、汽车4S店、保险公司、租车对接司机、租车门店人员、质检机构、电商平台、阿里巴巴、线下卖车门店、车辆回收商、车闪贷门店人员、光大银行、浦发银行等。不同关联的合作，充分发挥企业内部支持过程和非接触式员工在服务过程的参与感，各方合作让孕妈获得最优质的体验，贴心解决孕妈出行痛点，给孕妈的出行带来意料之外的惊喜体验。

（4）让特殊性群体的孕妇出行变成一直让人放心的享受型服务。神州专车成功地打开孕妇市场主要有五点原因：其一，在接单阶段，乘客手机客户端应具备孕妇乘客专门约车功能；司机端手机软件应能够根据乘客预订信息显示乘客是孕妇，驾驶人在接到孕妇订单一分钟内会致电孕妇并且会根据孕妇需求准备好相应的服务。接单途中应利用车上没有乘客时开窗通风，保持车内空气清新。其二，在等候阶段，首先将副驾驶位置调至最前，保证后排乘坐空间充足、舒适；其次，在车辆左后方贴好"孕妈乘车，请多关照"专用磁性车贴。其三，在恭迎阶段，主动为孕妇乘客开右后门，主动帮助乘客拿行李，并注意轻拿轻放；将孕妇乘客让至副驾驶后座位，视情况搀扶孕妇乘客上车；甚至细致地考虑到副驾驶紧急情况下空气气囊弹出造成冲击而提醒孕妇不能坐副驾驶，以及基于孕妇隆起的肚子导致系安全带不方便以及不安全的考虑提供新的系安全带方式（安全带应从孕妇腹部下面穿过，切忌在腹部的中间或者其他位置穿过，避免对胎儿造成挤压）。其四，在行驶阶段，空调出风口不得对孕妇乘客直吹；在乘客同意后以适当音量播放胎教音乐光盘；平稳驾驶、避免颠簸，严禁急加速减速、频繁变更车道；尽可能就近停靠，减少孕妇乘客的步行距离。其五，在恭送阶段，优先为孕妇乘客开车门，如果只有孕妇乘客一人乘车，则主动帮助孕妇乘客搬运行李至目的地，如在夜间则开远光灯目送孕妇乘客到达目的地后方可离开，如果该次行程为其他用户代孕妇乘客订车，系统应在第一时间向订车用户发送孕妇乘客已到达目的地的信息。从接到孕妇的订单到送孕妇离开的整个服务流程中，神州专车对每一个服务触点都精心地提供贴心的、细致的服务。

（5）本案例的成效。通过神州"孕妈专车"的服务蓝图分析，神州专车找出了服务中存在的薄弱环节，并为专车的质量进行了提升：在服务内容上为孕妇提供舒适的乘车环境，包括空调温度、车内气味等；从体验上为孕妇准备了呕吐袋、胎教音乐与知识等细节；企业内部的管理中，司机发挥着重要的作用，神州专车在司机上从筛选到考核，以及仪容仪表上都要求严格，保证了品质与专业，为用户带来心理上的安全、专业的体验。罗兰贝格数据显示，神州专车在专车市场占据42%的份额，排名第一位。此数据中表明的用户高留存率，有助于神州专车把握智能出行的人口，做强"人车生态"。

3.2.2.2　家庭航空飞行服务

本案例摘自美国设计咨询公司RKS完成的一个服务设计概念项目，旨在减轻家庭航空旅行的负担，使每个人的旅程更加愉快。全家度假旅游已经成为常态，但家庭成员包括婴儿、小孩、家长等，目前没有航空公司采取行动来研究家庭旅行中遇到的困难，以及满足他们的特殊需求。RKS根据家庭旅行中常遇到的问题，提供了系统的解决方案，构建了一种不同于过往只专注于效率的全新飞行体验，如图3-19所示。

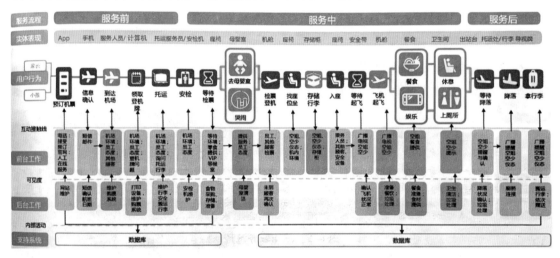

图3-19　家庭航空飞行服务

（1）从消费者角度发现问题。RKS通过大量调研发现家庭旅行面临的困难要比一般旅行者多，问题点涵盖飞行前准备、机场登机、机上体验、行李检索和下机等各环节。例如，用户角色A名字叫彼得，今年8个月了，妈妈在他出生的时候就开始带他坐飞机出游。但是，坐飞机的时候他常常感觉很不舒服，刚上飞机时由于气压问题，他感到很紧张、缺乏安全感，尽管预订了儿童摇篮也没有作用。不仅小孩不舒服，还会打扰到周围其他乘客，导致其他乘客心生怨言。因为在飞机上不能随意走动，这让妈妈很为难，不知道该如何是好。用户角色B名字叫达西，今年5岁，他的父母每年假期都会带他出国旅游，但在坐飞机这件事上，却让父母头疼不已。达西坐飞机时非常好动，无法集中注意力，他在上飞机不久就开始坐立不安，试图解开系好的安全带，但妈妈不允许，所以他只好强忍着，有时忍不住就大发脾气，这使达西的父母感到很无奈，不知道怎么安抚他的情绪。用户角色C名字叫玛瑞亚，是一位二胎妈妈，日常在家照顾小孩，大儿子已经7岁了，女儿5岁，他们每个月都会坐飞机去旅游，然而带小孩坐飞机是一件非常痛苦的事情，每次坐飞机旅游的时候都会遇到孩子打闹，经常两个人还没上飞机就已经开始了嬉戏打闹，上了飞机更是难以劝阻，周边的客人几次都不耐烦了，她除了表示歉意，对自己的孩子却无可奈何。这些飞行过程中出现的"难题"普遍存在，但是换一个角度看，这些也是创新性服务的触点与机会。

（2）服务体验中顾客与服务提供者之间即时互动产生的服务异质性问题。RKS公司通过根据不同群体的需求提供差异化的服务，从激烈的行业竞争中脱颖而出。RKS公司梳理家庭乘机的利益相关者关系网络，如图3-20所示，利益相关者包括三个部分：其一，以婴儿、小孩、家长等乘客为主的核心用户；其二，以清洁人员、安保人员、客服人员、检票人员、机务人员、管理人员为主的内部体系；其三，以民航局、酒店、产品制造商、玩具经营商、空间规划设计人员、食品供应商、地方企业、政府为主的合作伙伴。就商业模式而言，RKS公司以关键业务驱动的方式建立起针对家庭乘机出游的全旅程解决方案。在关键业务上，除了常规的机上服务外，还包括快速登机、婴儿车租赁、休息室等服务，并与食品供应商、特许经营商民航局、合作酒店、地方企业等展开合作，以发展新兴盈利点，通过各方协作，调节用户体验。针对不同细分客户群体的诉求，建立差异化的服务解决方案，向客户传递家庭友好型价值主张。

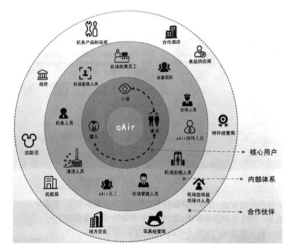 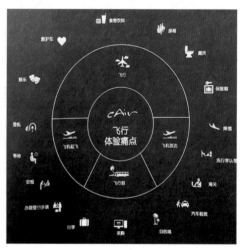

图3-20　利益相关者关系网络

（3）关注飞行体验中每一个触点。RKS公司以构建飞行体验中的娱乐、氛围、食物、座椅、厕所和存储为基础的六个关键接触点设计解决方案，构建服务蓝图，涵盖飞行前准备、机场登机、机上体验、行李检索和下机。RKS以家庭用户需求为中心，整合政府、民航局、特许经营商以及内部工作人员的资源优势，在整合通常已有的乘机服务基础上为家庭旅行提供了如下具体措施：其一，娱乐。酒店为成人和儿童提供玩具租赁服务和寻路服务等。其二，氛围营造。声音窗帘可以让乘客的座位保持即时隐私，使父母能够抚慰或照顾哭闹的婴儿远离他人视线。其三，食品供给。RKS公司为儿童提供各种熟悉的、有营养的、无过敏源的食物选择，以及USB奶瓶加热器和个人冰箱。其四，休闲座椅。配置可调节座椅来适应儿童的朝向，过道隔板为幼儿和小孩创建一个迷你游乐区。其五，母婴空间。洗手间足够大，适合父母和多个孩子同时进入，方便更换尿布。其六，分层存储。在座椅下方提供了易于触及的存储隔间，可在整个飞行过程中使用。RKS公司针对家庭乘机用户需求优化了服务流程，解决了传统航班中用户常遇到的问题。在新的服务流程中，RKS公司不同部门对客户的"用心"，使得服务质量和水平自然得到了提高。这个创新的服务流程让每个用户都能得到经过精心设计的差异化服务，无形中也增加了用户黏度。

（4）在服务蓝图设计中服务场景，分析是十分重要的。分析RKS公司的服务场景一：彼得宝宝8个月了，妈妈带他坐飞机出行。到达机场后，他在玩具舱挑选了自己喜欢的玩具，并带上了飞机玩耍；在飞机上，妈妈带他在母婴室换了尿布，轻松地度过了机上时光。服务场景二：达西今年5岁了，平时喜欢玩各种游戏，放假期间爸妈都会带他乘坐飞机参加各种活动。这次他乘坐飞机的感受有点不一样了。登上飞机后，他将自己的座椅旋转至和父母面对面坐，自己亲手将行李放在行李架上，然后好好睡了个觉，他感到很开心，父母也觉得十分放松和惬意。服务场景三：玛瑞亚，35岁，家里有两个小孩。这次，她又带着两个孩子乘坐飞机旅行，安检过后，孩子们可以在候机室的游戏区愉快玩耍，自己只用看着他们就好，终于"解放双手"。登机后，孩子们玩着乘务员发的玩具，她把隔音窗帘拉下防止影响其他客人，整个乘机过程中终于没有了吵闹声。客户在不同的场景，拥有不同的使用体验，更加合理，更加人性化，一系列的帮助都是为了让用户有最好的感受。

（5）本案例的成效。在旅游业面临的成本压力较大时，大多数航空公司都通过减少服务和设施来降低成本，这样虽然节约了成本，却导致消费者消费体验满意度降低，从而减少了复购。RKS公司聚焦家庭出行这一特殊且常见的用户群，既能减少不必要的服务和设施成本，又能精准提供用户所需，从而提高用户满意度，可谓一举多得。RKS公司从社会存在的旅游服务问题入手，更改以往使消费者体验较差的服务，利用好部门之间的服务，从而构建了一种全新的飞行体验。

3.3 解决服务本质问题

2019年1月10日，我国商务部、财政部、海关总署发布了《服务外包产业重点发展领域指导目录（2018年版）》，其中指出了服务设计是以用户为中心，协同多方利益相关者，通过人员、环境、设施、信息等要素创新的综合集成，实现服务提供、服务流程、服务触点的系统创新，从而提升服务体验、服务效率和服务价值的设计活动[11]。服务是一种无形的经济活动，它是以满足用户需求为基础，创造服务价值为目标，在服务提供者与服务接受者之间进行价值传递的互动行为。在服务经济时代，产品与服务相伴相随，有形和无形的内容形态已经融为一体。服务设计也是一个系统的解决方案，包括服务模式、商业模式、产品平台和交互界面的一体化设计，并对服务模式、设计模式、创新—创业—创投等方面的变革和发展具有推动作用[12]。

服务的不可分割性是指服务的生产和消费必须同时发生，在提供服务的过程中，需要服务提供者和接受者共同参与，没有消费者的参与，服务是无法单独发生的。服务设计最大的挑战是服务的可视化，即让人意识到自己置于让自己满意的服务中。服务接触中既有服务提供者和接受者之间基于角色扮演的双向互动，也包括消费者和实体环境、服务设施乃至其他消费者之间的互动。服务设计不但需要将不同领域的专家组织到一起，还需要与客户进行紧密合作。所以，一方面需要服务设计师具备高超的综合素质能力，另一方面还要求他们淡化精英姿态，具备隐形人的能力，以谦逊的服务态度接纳非专业意见，让不同角色的人才在创新中完成自己的价值，从而共同创造出优质的产品、服务与体验。

3.3.1　选择合理方式来建构问题

合理建构问题是指针对不同对象或场景，选择合理的方式，表达和实施服务设计解决方案的能力。例如，当人们开始尝试素食的时候，这一行为需要一定时间的实践，慢慢形成习惯，其中也包括家庭、社会、物理等各种生活环境的支持。随着素食成为不假思索的选择和习惯的时候，人们可能会发现在饮食习惯之外，生活中其他很多内容，如休闲活动、活动场所、生活节奏、喜好、社交圈也都在悄悄地发生着变化，而这一切不同内容、习惯和环境的变化，最终都通过新的稳定的价值观得到确认和巩固。合理采用诸如劝导式设计方式和方法来建构问题，才能有效帮助企业转型、创造财富，以及实现社会和谐。

如图3-21所示，传统上，企业会重视服务事项本身，想尽各种办法来提供有差异化的优质内容，以及邀请专家简化冗余的服务环节，目的是让消费者有好的服务体验，吸引他们愿意再来。本书的观点是：新时期，决策者应当将重点聚焦到服务场景上，服务事项只是道具媒介。更重要的是让服务本身能够向消费者清晰宣示某种价值观，倡导某种生活理念，而且重视消费者在接受服务过程中的个性体验，让消费者能够在服务场景上找到属于自己的存在感、荣誉感等。

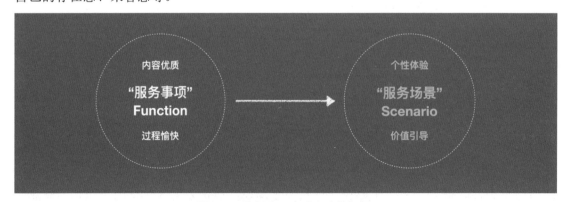

图3-21　选择合理方式来建构问题

3.3.1.1　李佳琦直播一天百亿元

本案例摘自李佳琦视频直播销售额超过一百亿元的故事。李佳琦，又称"口红一哥"，中国的一名网络红人，以作为购物直播主播而出名。淘宝直播数据显示，2021年10月20日李佳琦连续直播12个小时26分，用户累计访问次数达到2.49亿，累计访问人数达到3531.19万；该直播段内，共上架439件商品，累计交易额高达106亿元，其中，单品最高销量为187.77万件，单品最高销售额为1.67亿元，客单价为294.64元，增粉283万人。

（1）给消费者带来亲切感。消费者买的不仅仅是这个产品，还有李佳琦的服务。其一，经常用明星效应为产品造势。明星往往自带流量、自带光环，粉丝们自然而然地对明星代言的产品有一种天然的亲近感。李佳琦是一位有经验的主播，经常会在他的直播间里提到一些有影响力的明星，例如今天某某明星上热搜了、上头条了。当他所推销的产品请的是某明星代言时，他就会说："今天的直播间，某某粉丝在不在？""在的打个招呼。"这种方式能迅速引起"追星族"的注意力和追捧，提高"追星族"的存在感，让他们感觉自己受到了重视，注重了用户的个性体验。其二，使用符号化的语言。在李佳琦的直播间里，时不时都能听到这样的话术，如："Oh my god""所有女生""买它！买它！买它"。这些富有号召力的语言更容易激起观众的消费欲望，同时简单地重复也能让用户产生记忆点。从而记住这个品牌。其三，强调自用款和具体售卖数额，让消费者放心的同时满足从众心理和荣誉感。在李佳琦的直播间中，经常可以听到"这款产品之前我已经卖了10万套""我卖这款产品之前，平台已经销售5万份了"等话语，通过这类话语的表达，拉近用户与主播之间的距离，让用户找到荣誉感。

（2）激发消费者的购买欲。在直播间中，李佳琦团队不仅给大家讲解了美妆产品的主要功能和成分，更是为李佳琦塑造了一个具有超高辨识度，专属于他个人的特征。李佳琦在输出自身个性化语言的过程中反复强化，让消费者得到暗示和感染，购买商品的积极性更高。另外，"所有女生"这种具有"洗脑"性质的称呼，也大大增强了李佳琦在直播过程中销售的感染力，增加女性用户在消费中的参与感。最后李佳琦本身对于场景营销的使用极为擅长，使得在直播间的消费者和粉丝们不仅会对产品本身进行关注，也能产生一定的画面感联想。例如李佳琦在介绍口红色号时，不仅仅会描述颜色，而是将其放在一定的场景之中联合起来。把口红这类商品赋予成"约会必备""日常必备""出勤必备"等具有煽动性的标签，让消费者能够更好地代入场景，更好地将直播间粉丝的消费欲望激发出来。

（3）营造买买买氛围。让消费者在接受服务过程中有被照顾的个性体验从而养成一直消费习惯。传统的单纯物质购物方式已经不能满足国民需求，消费过程中具有体验性和娱乐性才满足当代人需求。李佳琦通过网络带货，受众可以和内容生产方实时直播互动，使得这种社交性、高互动性以及泛娱乐性的营销方式成为一种培养内容生产者与受众之间信任感的理想内容形态。

（4）本案例的成效。李佳琦抓住网络直播营销的风口，通过营造"买买买"氛围照顾到不同特点女性，并给予其个性化的体验，通过营造特定的服务场景让用户对自己所要购买的商品更加了解。

3.3.1.2　哈佛大学的网络教学

本案例摘自哈佛大学线上远程教学的故事。远程教学可以更开放地实现在全球范围内更多优质资源的共建共享和均衡发展，如图3-22所示。然而，远程教学过程中，教师是否能与学生产生良好互动是一个关键问题。

图3-22　远程教学解决现实需求

（1）世界突遇的全球难题新冠肺炎疫情的暴发需要重新合理建构问题。

哈佛大学2020—2021新学年第一学期，大学部注册入学学生人数与去年相比减少20%。其中大一新生少了14%，超过200名学生通知校方，他们希望延迟到下个学年再入学。哈佛这个学年的课程全部采用远距教学，大一和其他年级学生，只有住校的大学部学生因课程需要才准留在校园。校方已有预期这学年会有较少的学生愿意注册，因为如果要上面授的课程，必须戴口罩、做病毒检测，而且不能与同学老师正常互动。

针对不同对象或场景，需要选择合理的方式去表达和实施服务设计解决方案。在信息化社会中，人们生活、工作环境的变化越来越快，需要面对不断出现的新知识、新技术。一次性的学校教育，越来越不能满足个人终身的社会需要，而互联网上信息资源传播快，只要有新的资源就可以第一时间看到，相比于线下"一成不变"教学资源，网络教学的学习效率快，网络平台学习资源广泛，获取学习资源更方便。远程教学构建了一个简单易学的在线环境，课程中心是在线讨论区，在讨论区学员可以以个人或小组的形式进行教学内容的讨论，将课程的主导权掌握在学生手里，增加课堂互动性，解决了传统教学上老师作为中心，学生的想法表达不出的问题，让学生在课程中有参与感，提升学生兴趣，达到更好的教学目的。远程网络教学面向全球进行开放教学，在教育资源的配置上，实现优质资源共建共享均衡发展，有效改善了发达地区与落后地区师资分配不平衡的现状，实现教育公平性。面对"活到老，学到老"的终身需求，学习者也不仅仅是在校读书的学生，而是面向全国各地的所有人群，大多数人群因为种种客观原因无法集中时间到线下学习，无法获得专业人群指导。那么我们可以通过互联网这种媒介，更好地传播"活到老，学到老"的观念。

（2）网络教学方式解决因客观因素无法线下上课问题。与传统的腾讯会议或阿里钉钉等纯线上上课方式不一样，在哈佛大学的网络教学课堂中，老师是在学校的多媒体教室中上课，学生是在家里面对着屏幕。所有学生头像都在多媒体教室大屏幕上，一目了然，老师可以通过视频看到每位同学的在线状态，似乎这些学生就在眼前，如图3-23所示。老师面前还有课程提示小屏幕，方便提醒老师关键纪要。黑板用电子屏代替，粉笔用电子笔代替。用电子笔在电子屏上写字跟用粉笔在黑板上写字体验差不多，可以很容易让老师找到和学生面对面上课的感觉。值得一提的是，电子屏上的板书内容可以实时同步到学生的电脑屏幕上，拉近了学生和老师的距离。

图3-23　哈佛大学的网络教学

（3）本案例的成效。哈佛大学合理构建问题，通过线上远程上课，不仅可以实现全球直播，而且可以达到高品质的教学效果。老师和学生通过屏幕可以彼此直观互动，基本与实际面对面教学差异不大，极大地提升了半虚拟场景中教与学两端的互动与体验。

3.3.2　满足不同诉求的解决能力

利益相关者是指与客户有一定利益关系的个人或组织群体，即组织行为、决策、政策、活动或目标的影响者或被影响者，可能是客户内部的，例如雇员，也可能是客户外部的，例如供应商或压力群体。将利益相关者对企业的利益期望具体化，把常规的经营环境转变成具体的运营目标，进而有针对性地确定应对策略，这是利益相关者分析的目的。所有利益相关者不可能对所有问题保持意见一致，即便是对同一个问题，不同利益相关者也会有不同诉求。这些不同诉求的表现是多层次、多样性的，有的表现为获得精神的尊重和价值承认，有的表现为直接获取财产性权利。服务设计者要具备满足不同利益相关者不同诉求的解决能力。

如图3-24所示，传统上，企业会凭创始人的个人经验和惯性思维去迎合利益相关者，具体方式方法因人而异，比较抽象，没有固定方法，有些策略看似简单粗暴，但是实际有效。本书的观点是：新时期，决策者应当将策略逻辑直观地呈现给利益相关者，用数据说话，让利益相关者可以具体地感知到各自诉求可能被满足的方式，甚至可以通过原型的方式体验未来收益，这是服务经济时代的一个社会特征。

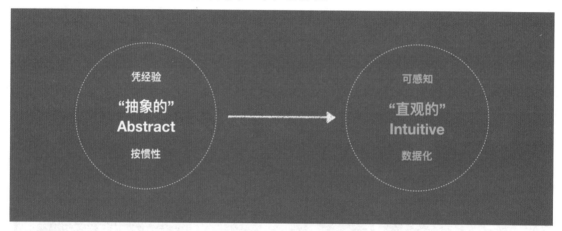

图3-24　满足不同诉求的解决能力

3.3.2.1　大数据助力城市规划

本案例摘自共享单车轨迹数据助力城市规划的故事。共享单车轨迹数据为我们提供了一种新的思路：利用大数据和AI技术，使用一种数据驱动的方式更为合理地规划自行车道的建设，让城市规划更加美好。城市规划是一个动态过程，在规划的每一个环节都有相应的数据模型来增强规划的动态性和科学性，将规划中很多定性的分析直观地转化成数据的定量分析，提升规划的量化分析能力。规划前，大数据可以帮助我们更全面、动态地理解客观事实；规划中，大数据可以提供动态量化的决策支持；规划后，大数据可以提供全面可量化的监测评估。以上的前中后规划能让利益相关者感知到该项目是否具有可实施性，是否能够满足利益相关者本身。

（1）利用数字化直观构建自行车道的规划问题。近些年，共享单车发展迅速，但自行车道的建设却始终没能跟上城市发展的脚步。由于缺乏合理的自行车道规划，导致骑车者经常与机动车辆混在一起，极易发生交通事故。自行车道作为一种公共资源，政府期望其可以更好地服务更多的人，并覆盖更长的个人骑行轨迹；同时也希望这些道路的建设能够形成网络分布，而不是在整个城市中分散地分布。然而，要同时满足这些建设限制要求的规划是一个非常困难的组合优化问题。微软亚洲研究院对上海单车数据做了一系列的实验，通过数据分析算法推荐，将自行车道覆盖了6个地铁站，如图3-25所示。这样直观的可感知的数字化方式，能够帮助我们合理构建问题。

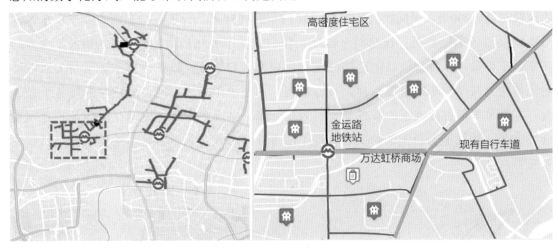

图3-25　大数据助力城市规划

（2）共享单车用数字化可感知方式推动城市发展。它对城市发展做出了许多贡献，其一，从大量的共享单车数据中可以看出：共享单车已经成为与地铁在时间上几乎同步的城市通勤性交通工具。喜欢骑共享单车上下班的人，也更喜欢用共享单车的模式去完成别的出行。这让共享单车不仅仅是一种城市基础交通型设施，更是一种生活方式，一种兴趣爱好。其二，通过共享单车大数据可以知道，共享单车没有扩大中环线以内地铁站的服务范围。我们用从地铁站及周边300米为起点的共享单车轨迹数据，绘制出每个地铁站的骑行等时圈，可以看到，在中环线以内的市中心，站点密度较高，大部分地点步行20分钟就能到达某个地铁站。因此，虽然共享单车缩短了市民前往地铁站的时间，但并没有在实质上扩大地铁站的服务范围。所以无论有没有共享单车，地铁站的平均服务范围都在站点步行大约20分钟的范围。这样精确的设计服务，很难不让消费者满意，最后成为这个品牌的铁杆顾客。其三，通过共享单车大数据可以知道，共享单车扩大了中环线以外地铁站的服务范围。在中环线以外区域，站点相对稀疏，共享单车的出现可以使地铁站的服务半径大大增加。以骑行20分钟计算，地铁站的平均服务半径为2～2.3千米。具体而言，在上海外环线周边的地铁站附近：服务面积从190平方千米扩展到了670平方千米；服务的居住人口从350万人扩展到了780万人；服务的就业人口从270万人扩展到了580万人。用准确数据来精准合理构建问题。让这种出行方式成为一种生活方式，甚至是一种生活态度。

（3）用数据说话改变人们的生活，重新定义"地铁房"。假如租房市场认同了地铁站服务范围的扩大，意味着一些原本离地铁站步行时间较长、骑行时间适中的"准地铁房"升级成了"新地铁房"。如图3-26所示，2013—2017年的房租数据可以绘制出上海市外环线周边历年房屋租金与地铁站距离的衰减曲线图。可以观察到：2013—2015年，外环线周边从"老地铁房"到"新地铁房"的价格距离衰减是非常迅速的；而在共享单车进入城市后的2016—2017年，这一衰减速度却大大减缓了。假如我们设定租金衰减到80%时的距离范围就是所谓的"新地铁房"范围，那么所谓"新地铁房"的范围将从2013—2015年的地铁站周边900米，瞬间扩展到2016—2017年的1650米。为了进一步探究共享单车密度与地铁站服务半径是否存在空间一致性。我们统计了外环线周边地铁站500米范围内的共享单车数量，以及地铁站附近1500米范围内的人口数量，以共享单车数量与人口数量的比值作为共享单车的密度指标。可以看到，共享单车密度越高，地铁站的服务半径越大。共享单车低密度地区的服务半径约为1600米，共享单车高密度地区的服务半径则接近1800米。地铁服务范围的扩大也验证了服务经济时代背景下满足不同诉求的利益相关者需要。

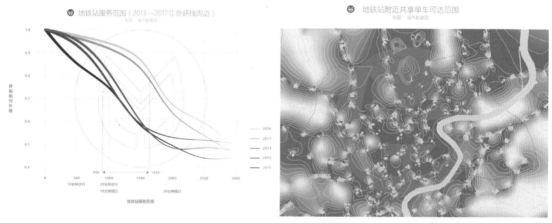

图3-26　地铁站服务范围

（4）本案例的成效。上海市徐汇区发改委副主任张岚说："根据人们骑行共享单车的数据分析结论，为政府合理规划自行车道提供了重要的决策参考。"通过共享单车大数据分析，城市规划决策者可以更有信心地说，在大多数情况下，共享单车很好地解决了地铁换乘的"最后一公里"问题，而且扩大了地铁站的服务范围，使更多市民便利地享受到了地铁的服务。而这一服务范围的扩大，也自然地扩大了"新地铁房"的范围，使得城市租赁住房市场发生了结构性的变化。更进一步说，共享单车作为一种基础型交通设施，在空间上重构了城市结构，而重构的城市又从更多的方面提升和优化了我们的生活。

3.3.2.2　瑞士的时间银行

本案例摘自瑞士的"时间银行"养老办法。时间银行（Time Bank）是一种全新的服务理念，志愿者将参与公益服务的时间存进时间银行，当自己遭遇困难时就可以从中支取"被服务时间"，即参与者在低龄时存时间，高龄时换服务，如图3-27所示。通俗地说，就是人们把年轻时照顾老人的服务时数存入社会保险系统的个人账户内，等将来自己老了、病了或需要人照顾时，可以将年轻时服务过他人的时间再拿出来使用。这是社区居民互助养老志愿服务的新模式，实现"老吾老，以及人之老"的美好社会愿景。

图3-27　瑞士的时间银行

（1）合理构建问题的触点。2008年，瑞士联邦社会保险局（Federal Social Insurance Office）委托劳动和社会政策研究办公室（Office for Labour and Social Policy，BASS）起草了一份《老年人的陪伴、照顾和护理的时间积分初步研究报告》。该报告提出了时间供给模型：有活力的养老金领取者作为所谓的"时间供给者"，为需要帮助的老人提供日常生活的实际管理，并获得计入个人账户的时间单位作为回报。他们以后如果需要，可以用这些时间来换取新的"时间提供者"的相应服务，既满足了参与者年轻时乐于参与志愿的动机，同时也能让参与者年老时体验到时间银行给自己带来的好处。另外，对于那些已经把时间存起来，但最后由于种种原因（如住进养老院等）无法使用"时间"的老人，"时间银行"便把义务服务的时间折合成一定的金钱或物质奖励，返还给老人。2012年6月12日，圣加仑市议会以多数票通过批准成立Zeitvorsorge基金会，政府计划向基金会资本捐款3万瑞士法郎，从2013年起每年提供15万瑞士法郎的经常性业务捐款，在前两年每年提供7.5万瑞士法郎的额外启动捐款，并提供340万瑞士法郎的承诺信贷。2014年6月，圣加仑市正式启动圣加仑时间供给系统，并对媒体进行引导。截至2014年年底，8个应急组织的33个活跃时间提供者已经为15个服务对象提供了约1500小时的服务。到2019年年底，系统中记录了235名时间提供者，他们提供了11925.5个小时的服务，比2014年项目启动初期提高了近8倍。

（2）实例故事。克里斯蒂娜照顾的那位年迈的老教授叫利萨。她每周去利萨家两次，每次两个小时，帮老人整理房间、推老人出去晒太阳、帮老人到超市购物、陪老人聊天等，如图3-28所示。按照协议，克里斯蒂娜只有一年的工作期限。一年之后，"时间银行"就会将克里斯蒂娜的工作时数统计出来，并发给她一张"时间银行卡"，在她需要被别人照顾时，她可以凭借"时间银行卡"去"时间银行"支取"时间和时间利息"。当"时间银行"的工作人员在验证过"时间银行卡"的信息后，就会指派志愿者到医院或者到她家中去照料她。如果她在去世前没有使用完"时间银行卡"中的"时间"，那么"时间银行"会把这些小时数折合成一定的金钱或物质奖励给她的遗产继承人，将未使用的服务延续下去。有一段时间，克里斯蒂娜特别忙碌，但到利萨家后却是神采飞扬、心情愉悦。就这样，克里斯蒂娜一做就是一年。一天，克里斯蒂娜在一次意外中跌下了楼梯，被送入了医院。就在家里人筹划该如何照顾她时，克里斯蒂娜说不用担心，她已经向"时间银行"提出了一份申请。果然，"时间银行"的工作人员在两个小时之内就给她安排了一位护工——22岁的姑娘维基。接下来的日子里，维基每天都来照顾她，给她做可口的饭菜，陪她聊天。克里斯蒂娜在维基的精心照顾下，不久就恢复了健康。

图3-28　克里斯蒂娜与利萨

（3）"时间银行"通过设计服务满足不同诉求的利益相关者，建立新的稳定的价值观。一开始，克里斯蒂娜的朋友还在质疑"时间银行"的效用，但经过这次事件后，克里斯蒂娜的朋友已经彻底信服了，她的朋友们也打算投身于"时间银行"的工作中。克里斯蒂娜带着她的朋友向社区"时间银行"提出申请。其负责人详细地讲解了"时间银行"的宗旨：用自己支付的时间换取别人的帮助，而银行是时间流通的桥梁。一周后，克里斯蒂娜的朋友收到"时间银行"的回复，并且接到了第一份任务——帮助一对瑞士夫妇欧仁和莉莉娅学习中文。二者都得到了对应的满足，跟幽默的夫妇相处与其说是工作，不如说是在放松心情。由此，克里斯蒂娜的朋友也理解了当初克里斯蒂娜对"时间银行"的工作如此积极的原因。通过做"时间银行"安排的工作，克里斯蒂娜朋友的闲暇生活丰富起来，也认识了许多伙伴。"时间银行"在他们忙碌且重复的生活中打开了一种新的方式。

（4）本案例的成效。"时间银行"可以创造人际联系，它有助于避免老年人的孤独和寂寞。这样做，服务中的利益相关者各取所需，各有所得：不仅可以帮助那些领取福利的人，也可以帮助那些积极为自己提供时间的人。它使这些人能够建立起个人时间账户，但更重要的是对承诺者本身的社会和心理影响。他们通过结交新的人脉，积极接触新的陌生事物，通过帮助他人来体验有意义的活动，扩大自己在职业阶段后期的社交网络。通过这种方式，他们个人得到了成长，也参与了对自己最好的疾病预防和健康促进活动。与此同时，这种方式很大程度上减轻了社会的负担，并且能够形成一种良性循环。

第 4 章　服务管理的创新

本章聚焦服务设计的商业价值。通过服务商业模式、产品服务系统、客户体验管理等知识点的学习，结合项目或企业管理经验，建立服务管理与商业创新的内在联系，帮助读者加强带领服务管理团队的能力。本章内容适合企业中高层、设计总监、服务管理领域教师和研究生阅读。

4.1 再造服务商业模式

商业模式是描述与规范一个企业创造价值、传递价值以及获取价值的核心逻辑和运行机制。商业模式是为实现各方价值最大化，把能使企业运行的内外各要素整合起来，形成一个完整的、高效率的、具有独特核心竞争力的运行系统，并通过最好的实现形式来满足客户需求，实现客户、员工、合作伙伴、股东等利益相关者的价值，同时使系统达成持续赢利目标的整体解决方案。

随着移动互联网的发展，分布式的服务方式正在改变传统的商业模式，其中最突出的是云服务。云服务是基于互联网的相关服务的增加、使用和交付模式，通常涉及通过互联网来提供动态、易扩展且经常是虚拟化的资源。消费者可以通过网络以按需、易扩展的方式获得所需服务，这种服务可以是互联网技术平台和软件，也可是"互联网+"相关的服务。云服务本身也属于一种商品，可以在市场上流通，且具有自身的商业价值，作为一个拥有云服务的企业，其商业模式决定着企业的发展。以新兴的元宇宙为代表，云服务的普及必然会让传统服务管理的创新导向和手段方式也发生深刻变化。

4.1.1　结合社会和技术发展趋势

从服务管理层面去再造服务商业模式，企业需要结合社会和技术发展趋势，包括广泛的社会需求、宏观经济状况、技术发展趋势以及相关联学科的研究成果等，分析过程中需要根据企业的使命愿景去针对性选择适合自己的创新方式。

如图4-1所示，传统上，企业会采用"渐进式"的创新方式去优化和改善已有的产品或服务，通过快速迭代来持续提升客户满意度，该相对保守的方式可以让创新风险处于可控的范围。本书的观点是：新时期，决策者应当考虑"颠覆式"的创新方法，从开启价值网和构建生态链两个方面来提升服务管理的质量。需求不存在颠覆性，但是利用技术满足不同需求的组合方式可能颠覆性地开启新的价值网。企业在发展中，或多或少都会形成独有的能力，完全可以基于这些能力，在企业外部寻找可以整合的互补资源来强化自己，尤其是对那些在一个产业链里有一定基础的企业。企业首先要掌握自己在哪些领域形成了核心能力，让优势能力帮助或扶持在这些方面能力弱的企业，也可以扶持那些能力弱的团队。形成互补后，企业的管理体系的复杂度并没有太多增加，但能很快激活这些生态企业，获得更快速的成长。

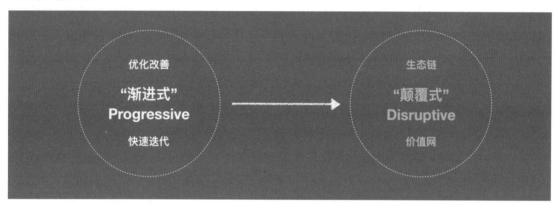

图4-1　结合社会和技术发展趋势

4.1.1.1　特斯拉的实时云服务

特斯拉于2003年在美国硅谷创立，如图4-2所示，创始人为马丁·艾伯哈德和马克·塔彭宁，曾连续两年成为美国杂志《消费者报告》中消费者最满意的汽车品牌。对于特斯拉消费者来说，特斯拉不仅仅是一辆车，更是"互联网+"时代满足消费需求的一种消费文化。在以云服务为主要创新点的移动互联网发展的作用下，人们可以足不出户在众多商品中快速地购买到自己心仪的商品，这不仅可以给消费者带来更方便、更快捷的购物体验，还能帮助消费者提高购物效率，让企业以符合时代要求的实现形式满足客户的需求。埃隆·马斯克（Elon Musk）从在线预订的消费习惯中发现创新机遇，为特斯拉选择了一种独特的商业模式。

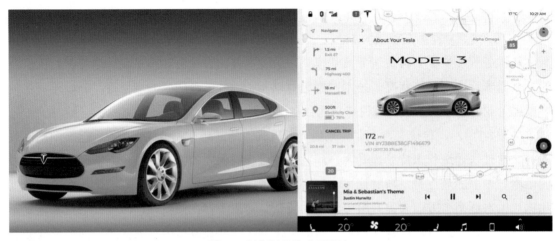

图4-2　特斯拉的汽车及服务

（1）以互联网软件产品的运行模式"颠覆式"开发汽车。在以往的传统汽车行业的模式中，消费者在购买汽车之后，汽车的使用内容就会长期固定，很难满足互联网时代消费者逐渐增多的需求内容。而特斯拉最本质的革命是改变了车场和消费者之间的联系，选择一种将互联网技术平台与软件等服务相结合的商业模式，更加切合了当今"互联网+"的发展趋势。其商业模式与消费者可以自由下载和购买iPhone中的相关软件相类似，消费者可以自由下载和购买特斯拉汽车的相关软件服务。这种模式使得特斯拉可以依据社会发展趋势快速升级软件服务，而且是以自动在线的方式为消费者提供便捷服务，这种将互联网服务与汽车产业相结合的商业模式颠覆了传统汽车的设计理念，形成特斯拉的产品价值特色。实际上，特斯拉并没有每年发行新车型，而是持续更新车内软件版本，在提供汽车产品基本服务的同时，逐步建立并完善企业的服务管理与商业创新。软件版本决定了一辆车能够"依时而变"。据统计数据显示，一辆新车在第一年平均贬值24%，而特斯拉Model 3在3年后仅贬值10.2%，平均每年贬值3.4%。在持有的第一年，两者的贬值率相差近20%，这主要得益于特斯拉以互联网提供软件产品的方式来开发和运营汽车服务，区别于传统汽车的开发和运营模式，从而拉开与竞争对手的差距。

（2）构建"云"形式生态链售卖汽车。互联网时代，消费者购买产品的渠道多样，其中网络购物不失为最便捷的消费方式。特斯拉消费者只需通过上网、挑选、添加、支付定金即可完成初步购买，并且可以通过预约提货时间来提高购物效率。这种消费场景与现代"低头族"适应的在线生活方式几乎完全一致，满足消费者现代化、日常化的消费需求。特斯拉的渠道价值在让消费者感到便捷的同时，也减少中间商环节，从而在一定程度上减少消费者的经济支付负担。目前特斯拉汽车销售渠道包括公司官网和公司持有的全球各地的网络商店。在部分地区，特斯拉设有线下体验店，其主要作用是向客户介绍特斯拉的企业文化与产品功能，让客户了解特斯拉的有关产品，但在体验店实际上并不直接交易汽车。特斯拉将线上销售服务与线下服务相结合，将其构建的服务价值网络体系不断完善优化，使其线下体验店可以更好地控制库存成本、管理保修服务和定价，提升消费者对电动汽车的认知，维护和加强特斯拉品牌形象，并快速地获得客户反馈。

（3）用产品差异化配套服务战略构建价值网新服务模式。为满足技术发展趋势的需求，特斯拉通过构建配套服务价值网来提升服务管理的质量，如图4-3所示。作为超级充电桩全球网络的持有者，特斯拉在可能的情况下，还会将自己的太阳能增强设备和能源存储系统与充电桩配置在一起，以降低成本，促进可再生能源的使用。为使特斯拉车主能够享受快速、可靠和无处不在的充电体验，特斯拉设计了三个充电层级：家用充电桩—超级充电站—目的地充电桩。其中，家用充电桩除了满足用户自身需求外，还鼓励共享使用；超级充电站主要设立在全球城际公路沿线；分布最广的目的地充电桩则遍布于全球各大商场、酒店和写字楼的停车场。截至2019年年底，特斯拉在全球共计有1.1万个超级充电桩以及2万多个目的地充电桩，覆盖北美、亚洲、欧洲和中东大部分地区。特斯拉通过创新服务商业模式以及产品服务系统增强客户满意度，使其在同类汽车产品中脱颖而出。

图4-3　构建价值网的新服务模式

（4）以"颠覆式"创新构建汽车保险行业生态链。在当今大数据赋能的智能化商业时代，任何企业的产品内容都不可能脱离智能化的技术而单独存在。特斯拉正式进入保险行业，也意味着将彻底地改变整个保险行业的生态。在汽车保险定价规则上，传统的保险行业对汽车保险采取缺乏公平性的"事后定价"，没有将定价效率发挥到极致，而特斯拉的定价策略更加公平与精准，从客户自身利益出发采取"智能定价"，即采用传感技术来抓取车主的所有开车习惯，在特斯拉后台形成差异化的定价。对出事故概率低的车主采取保费低、优惠多的定价策略；而对出事故概率高的车主，采取保费高以及甚至无人承保的定价策略。从企业长久目标来看，车只是吸引消费者的入口，特斯拉真正卖的是服务与内容。

（5）本案例的成效。随着IT基础设施的逐渐完善，新型"宅经济"需求量持续增长，广大消费者对在线娱乐、在线教育、在线医疗、在线购物等接受度越来越高，云服务的生活模式不断获得消费者青睐。因此，企业在适应互联网高速发展的同时，需要紧密结合社会和技术发展趋势，有针对性地创新商业服务模式，从而更好地服务广大消费者。在此时代背景下，特斯拉结合社会和技术发展的新趋势，对其旗下的品牌服务实行"颠覆式"创新，用高新的技术和IT基础设施将出行与互联网时代的"宅"相合，打造全新的产品以及服务模式。简而言之：特斯拉造的不是车，而是一种数字化场景下的生活出行方式。据统计显示，2020年6月Model 3销售量14954台，环比增长35%。事实表明，特斯拉的"颠覆式"服务创新模式已然领跑于当下电动汽车及能源市场。

4.1.1.2　小米生态服务价值链

小米成立于2010年，是一家专注于高性能智能手机自主研发的移动互联网企业，于2018年在港交所成功上市。小米公司董事长雷军的生态链梦想是"通过200个小米工程师，撬动200家生态链公司、数万的员工、千亿资本的投入"，如图4-4所示。截至2019年，全世界消费级物联网市场排名第一的是小米，市场份额1.9%，第二、第三、第四分别为亚马逊（占1.2%）、苹果（占1%）、谷歌（占0.9%）。

图4-4　小米生态服务价值链

（1）用代工模式创新商业服务模式。小米的代工模式与其互联网企业的自身定位和以大数据建立生态链的战略规划有着密切的联系。就拿石头科技来说，大部分人对小米生态链的认知是石头科技为小米代工"米家扫地机器人"，所有产品的销售权会被小米买断，然后通过小米之家、小米商城、米家、小米有品等渠道销售，扣除一定的销售成本后两家均分利润。这么合作是基于速度、试错成本等因素。首先是速度原因。小米自己制作机器人的速度肯定没有石头科技快。其次，智能硬件不是软件，一方面产业成熟度不够，不同行业需要不同的智能化方案，小米难以承受不断试错的代价。另一方面智能硬件的人才复用度并不高，小米如果想自己同时进入移动电源、手环、净水器、平衡车、扫地机器人等众多行业，这其中必定需要投入数以千计的不同行业的人才，其管理难度和成本太过高昂。因此，小米需要找到一个又一个单独的公司来承担试错和人才的成本，而通用的平台型费用，例如渠道、营销、大数据、云计算等成本由小米来承担。这就是小米生态链的本质——小米通过承担生态链公司前期的渠道、供应链、生态成本，迅速将生态链公司推进行业第一梯队，后期通过股权投资分享生态链公司自身的发展红利。在新经济时代，小米在结合社会和技术发展趋势的基础上构建了"硬件+互联网+新零售"新型服务商业模式，利用自身优势满足不同需求的组合方式更加符合互联网企业的发展规律。

（2）从全方位的渠道逻辑构建生态链服务体系。原本的生态链公司都是为小米代工"小米"或者"米家"品牌的商品，通过小米的线上和线下渠道销售，双方均分利润，后期利用口碑、产品、技术、市场方面的优势发展自己的品牌并提高毛利润。如图4-5所示，因为生态链公司在面向市场的过程中走小米渠道，几乎所有的市场推广成本都由小米承担，所以小米旗下生态链公司的营销费用都非常低。2018年，石头科技的销售费用率仅为5.35%，A股同样做扫地机器人的科沃斯的销售费用率是17.82%。2013年年底，小米开启生态链计划，广泛投资生态链企业，截至2018年3月底，小米投资管理了210余家企业。小米投资的过程同时也是小米赋能的过程。小米生态链产品的"流量红利"不仅仅是线下渠道，小米的线上渠道对生态链公司来说也是"最优待遇"。共享小米的渠道存在两个优势，即快速周转和大数据。以小米手环和小米体重秤为例，小米每个月会利用大数据来预测华米生产计划，而华米则会按照小米的预测采购下个月的原材料和零部件，从而达到"即时生产"，降低库存成本（oversupply），这种以订单为生产规模导向的管理服务，极大地提升人员和设备的工作效率。与此同时，小米在收到生态链的产品入仓确认信息以后就会支付给生态链公司第一笔货款，用以覆盖生态链公司的生产成本和运输费用。商品和资金的快速周转保证了生态链公司在快速成长的过程中不会遇到资金流动性风险，并能有效地提高公司的管理水平。

图4-5　面向大众的小米家电

（3）共享优势扩大商业服务价值网。小米生态链可以共享小米的优质供应商，同时为生态链提供信息的过程中也积累着供应链数据。尽管小米不会干预生态链公司的最终选择，但是小米的工程师团队会根据以往的评估数据对供应商进行评估，一旦发现有问题，就会发出警告。紫米曾经是全球最大的电池芯片采购商，是电源管理系统的专家，因此当九号平衡车需要采购电芯时，小米集团只需咨询紫米就可以获得非常专业的采购建议。紫米参与到投标中但是不作为主要供应商，其他投标方就只能提高质量并且压低价格。小米内部估算紫米帮助生态链企业平均降低电芯采购成本20%。通过对比科沃斯和石头科技的招股书可以发现：虽然2017年科沃斯采购电池组的金额是石头的3倍多，但是成本并没有降下来，反而比石头采购占比高2%，这从侧面证明了小米生态链共享供应链的优势。这种共享优势让小米生态链企业业务和小米深度融合，打通了消费端和供应端的流通速度，提高了资金和大数据的流转效率，实现了服务质量的协同高效率提升。

（4）用"颠覆式"商业服务模式打造新经济时代爆款。找到一个蚂蚁市场，设计一款满足核心需求的智能化产品，以全新的标准带动整个行业的变革，创造出领先的竞争优势，打造一系列的爆款，从而拉低成本达到更高的效率。效率的前提是做成爆款。爆款意味着快速周转的商品和资金、大订单带来的低成本，也意味着一个生态链公司能够飞速成长为行业的领导者。当下爆款已经不是靠营销的力量，而是靠产品和市场需求的完美贴合。爆款不仅能降低整个供应链的成本，还能让质优价低的产品最终盈利。例如，紫米做的移动电源定价69元，而当时移动电源的价格普遍在100元以上，再加上紫米选用的是进口电芯，刚开始时卖一个亏8元，但是随着口碑效应，销量也越来越好，几个月以后紫米成为整条产业链最大的采购商，从上游拿货的价格也越来越低。

（5）本案例的成效。2020年，小米AIoT平台已连接IoT设备数同比增长38%，拥有五件及以上连接小米AIoT平台设备的用户数却增长52.9%，这从侧面反映了小米生态链中用户的黏性在显著增强。用代工厂代替总部生产以减少生产成本，共享生态链的新服务形式以及与蚂蚁市场的合作，都是小米利用其技术结合不同需求的组合方式开启全新的小米价值网。在当下"互联网+"快速迭代升级的时候，传统的渐进式服务管理模式不再适应社会发展的需要，小米采取"颠覆式"的商业服务模式，将销售战略和服务战略高度融合，从生态链和价值网两个方面提升小米企业的服务管理质量，在激发生态企业活力的同时，完成对自身品牌优势的创新，实现了品牌文化价值的提升。

4.1.2 把握服务管理的创新方向

服务管理的研究方向是如何在竞争环境中对企业服务进行管理并取得成功。20世纪90年代末期，我国也有不少学者和企业界人士对服务管理进行了理论研究，分析服务利润链、服务的交互过程与交互质量、服务质量管理中的信息技术、服务业产品营销与制造业产品营销的比较等，并取得了一定的理论成果。服务管理来源于多个学科，是一种涉及企业经营管理、生产运作、组织理论和人力资源管理、质量管理学等学科领域的管理活动。从科学管理到服务管理是顺应社会发展的必然结果，虽然它还未形成一个独立的理论体系，但其为企业获得持续的竞争优势，把握创新方向提供了指导原则。

　　如图4-6所示，传统上，人们认为服务管理创新是对生产服务的流程进行科学再造，例如删减医院服务流程中不人性化的环节，激发火锅店员工的热情以提高翻台次数，等等。本书的观点是：新时期，人们应当将提高服务效率聚焦到创造意义，通过相互尊重构建员工和顾客的信任关系，让顾客有一段美好的消费过程回忆。该关注点的转变跳出服务内容本身的优化，更多聚焦于人与人之间连接的。一旦思考方式发生变化，商业模式也会随之发生质的转变。

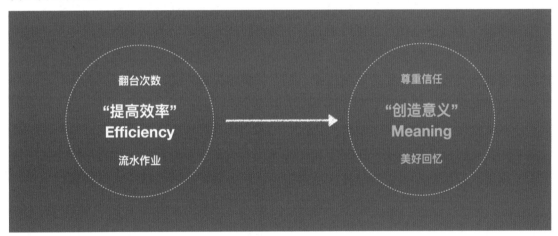

图4-6　把握服务管理的创新方向

4.1.2.1　梅奥诊所的服务管理

　　如图4-7所示，梅奥诊所是一家致力于教育、科研以及临床服务研究的综合性医疗机构，于1863年创立，创始人为威廉·梅奥（William W.Mayo），总部设在美国明尼苏达州的罗切斯特，在佛罗里达州和亚利桑那州设有分部。随着对医疗创新要求的不断提高，梅奥诊所通过两个方面来提升服务质量：一是梅奥诊所每年将医疗收入的40%专门用于科研，使其服务技术始终处于医疗的最前沿；二是将服务聚焦于人与人之间的连接，秉承"患者至上"的理念，赢得患者的尊重和信任，从而产生良好的口碑。

图4-7　梅奥诊所

（1）实施团队协作，创造人与人之间的连接。威廉·沃勒尔·梅奥医生有一个著名的信条，即"没有一个人可以离开他人而强大独立地存在"。在科学技术高度专业化的今天，这种理念尤显重要。在这种模式下，医生可以更加专注于自己特长的研究，并且在患者需要的情况下，各自领域的顶尖医生能够组成专家团队为患者解决治疗中遇到的问题。这一模式也使得梅奥分布在其他州的分部之间能够共享专家资源，给有疑难杂症的患者提供综合诊断和治疗的各项选择。早在梅奥诊所成立初期，"共同分享"的理念就体现得淋漓尽致，梅奥兄弟聚集各个专长的医生在一起工作，互相分享经验，还经常去美国其他地区以及欧洲学习最新的知识并带回诊所。时至今日，"共同分享"的理念与精神在梅奥诊所继续传承。2009年卸任的梅奥诊所前院长丹尼斯·科蒂斯医生在一次全美新闻俱乐部上的发言中曾经提道："梅奥诊所会告诉其在职医生，不要试图记住所有的东西，但必须懂得如何协调医疗服务，诊所能够接受医生可能不知道某些知识，但不能容忍医生不知道如何为病人寻找解决问题的方法。"在专业化与个性化需求逐渐增多的当代，在医疗服务领域，团队协作模式有助于真正做到为患者服务，有助于帮助医生与患者的良好沟通。

（2）将先进的技术应用于"创造意义"的人性化服务。当年梅奥兄弟经常在世界各地旅行并为诊所带回最先进的医学技术，这一传统保留至今。兄弟俩在当时引进了欧洲先进的消毒手段，从而使梅奥诊所的手术死亡率成为全美最低。除此之外，梅奥诊所致力于研究和教育，拥有全世界最大的翻译研究所，其医学顾问在全世界各地游医并讲学，梅奥诊所不仅掌握最先进的医疗技术，而且能够为患者提供最先进的医疗服务。梅奥诊所具备会集所有专业的医护人员在一个病人一次就诊时就给予解决不同问题的能力，这种能力连同高效率的实验室和放射科服务能力，让医生能在非常短的时间内完成对患者的诊断与治疗评估。在多数情况下，诊所可以提供完整的诊断测试和诊断评估，然后第二天安排患者手术，这对千里迢迢来诊所看病的患者无疑是个福音。除此之外，基于IT基础设施的完善以及云服务的使用，诊所能够为每个患者保存最新的综合性医疗记录，并对接实验室、病理科和影像科。如图4-8所示，这个集成系统的设计使医生与患者在同一地点可以抽调所有的病程资料，包括化验报告、放射报告等。这种将技术与服务紧密结合的医疗服务模式，使技术不再是技术本身，而是赋予其服务的附加值，使患者能够切身地感受到技术与服务对自己本身的意义。

图4-8　集成系统设计

（3）为医护人员与患者之间的"意义连接"提供坚实保障。梅奥诊所是由医生委员会为领导核心的私营非营利性医疗集团。当两者遇到冲突的时候，必须听从医生领导，所以那些能够继续留在岗位上的专业管理人员是属于真正的忠于诊所的强者。因为他们知道诊所的运营离不开他们，但他们无法独立行使个人的任何权利，所有决定都必须通过整个团队和医生委员会做出最后的裁决。这种以医生领导为核心的管理模式在梅奥诊所已经存在一百多年了。梅奥诊所的所有临床医护人员的薪水都是纯薪金制，是通过调查之后，基于其他医疗中心和医生市场的总体情况而确定，能够让所有的员工得到公平的薪酬待遇，医生不从他们所建议的任何治疗检查中获取经济利益。同时梅奥诊所的非营利性特征也使患者从来没有质疑过医生所做一切的动机就是为了患者的利益。梅奥诊所不会随意解雇任何员工，即便裁员，也会为员工找到合适的工作，因此员工能够获得最大的安全感，始终觉得自己是诊所的一份子。对医护人员的关怀以及切实可靠的保障，有利于医生抛弃杂念，培养高度自愿精神，聚焦于为患者提供最佳解决方案，这也成为梅奥文化的精髓所在。

（4）坚持"患者至上"理念，真正实现"创造意义"的美好回忆。梅奥诊所始终把患者看作一个有机的整体，而不是装有不同疾病的载体。当年，梅奥兄弟俩发现，随着患者疾病复杂性的增加，患者的需求往往被逐步忽略。为了预防这种情况的发生，梅奥兄弟给每位患者指派一名医生，该医生全程负责这名患者的诊疗，包括联系接洽所有的其他服务，如会诊、检查等。这种连贯的服务方式增加了患者对医生的信任。在可能的情况下，所有返诊的患者都被安排到之前接诊过的医生那里，即便牵涉专科服务，也由该医生安排协调会诊，直到所有的评估分析出来后再与患者做最终的分析讨论。与此同时，梅奥的医生也非常重视与转诊来的当地医生建立联系并负责沟通。根据患者反映，梅奥诊所和其他医院最大的区别在于，在诊所工作的每一个人都关心他们，这是一个让他们觉得能够获得同情和尊严的地方。虽然梅奥诊所是一家综合性的大集团，但每一名患者的治疗流程都十分个性化，医生在特定的时间内只围绕着一名患者服务。梅奥诊所倡导使用最好的建筑材料，通过精心设计，构建良好的医疗设施，同时也要求方便维修与清洁，让医疗场所始终保持一尘不染。在"互联网+"的时代，梅奥诊所在积累的百年医疗数据的基础上，通过信息技术手段，研发出有针对性的监测系统工具。例如，利用AI算法研发出针对宫颈癌的筛查与监测系统，将技术创新与服务管理紧密结合，从而为患者提供更加规范与高质量的诊疗标准。

（5）本案例的成效。梅奥诊所通过改变其服务方式建立起医患之间的友善关系，附加其大部分收入用于医疗技术发展，使得患者充分信任梅奥诊所。梅奥诊所在服务方式上不是简化就医流程，而是提升全新的服务模式，建立医患服务关系间的新意义以打造全新的服务模式。据调查发现，梅奥诊所拥有3800多名医生和科学家，3600多名住院医生、研究生和学生，所有的专职医疗人员超过58 000人，每年接诊来自全世界150个国家超过100万的患者。在《美国新闻与世界报道》发布的"2020—2021年度全美最佳医院排名"中，梅奥诊所荣登综合排名首位，连续五年蝉联榜首。当今社会，人们对技术产品内容的需求不仅仅停留在其本身的内容，而是更加享受服务对其附加值的影响，将大爱融入社会痛点中的设计所产生的社会价值无疑是巨大而深远的，而梅奥诊所已然开启了它"创造美好回忆服务"的价值网。

4.1.2.2　海底捞火锅店的服务

海底捞于1994年在四川省简阳市创立，创始人为张勇。海底捞起初主要经营四川口味的火锅，经过不断发展，逐渐成为深受广大群众喜爱的火锅连锁品牌，如图4-9所示。海底捞始终遵循"服务至上，顾客至上"的服务理念，以其独具特色的服务方式和经营理念逐渐成为火锅行业中的龙头企业。海底捞提升服务质量的方式有两种：一是建立起员工和顾客之间相互尊重信任的关系，例如每一位员工都拥有免单的权利；二是让顾客有一段愉快的用餐体验，例如通过用餐前、餐中、餐后的超值服务给顾客留下美好回忆，通过服务触点优化增进店员和顾客之间的信任，使顾客获得尊重感，通过产品内容创新，满足了不同顾客的个性化需求。

图4-9　海底捞火锅店的服务

（1）构建尊重信任的新意义创造过程。海底捞始终从顾客体验出发，创新性地为顾客提供愉悦的用餐服务，服务的流程贯穿消费者等待就餐至就餐结束离开餐厅全程，有一套完整的、标准的服务流程，将服务的意义不限制于服务内容本身优化的框架范围内，从而使消费者获得良好的消费体验，如图4-10所示。其一，提供愉快多样的餐前服务。在海底捞店里的等候区可以看到大屏幕上最新的座位信息，排号的顾客可以在等候区悠闲地吃着免费水果、饮料，享受店内提供的免费上网、擦皮鞋和美甲服务，使无聊的排队等位成为一种享受，这种区别于其他竞争对手的服务内容，成为海底捞独具特色的增值服务。其二，提供细节多样的就餐服务。服务员会为女士提供发圈头绳扎起头发，并提供小发夹用来夹住前面的刘海，防止头发垂到食物里；戴眼镜的朋友可以得到擦镜布；放在桌上的手机会被小塑料袋装起以防油溅；每隔15分钟，就会有服务员主动更换你面前的热毛巾；在这里还可以免费打印照片，欣赏四川特色变脸表演。良好的用餐体验满足了不同消费者个性化的需求。其三，提供细致周到的餐后服务。顾客在就餐过后，服务员会赠送一些水果

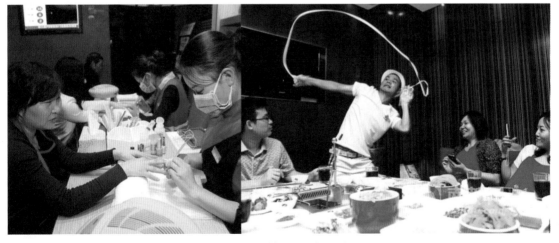

图4-10　个性化的服务设计

或者甜点给消费者，"盲盒"似的餐后礼物让消费者拥有一种超出预期的惊喜感；在起身离开过程中遇到的所有服务员都会向你微笑道别，甚至还帮你打车、提车。从进门到就餐再到离店，全面高质量的服务体验不仅能够使顾客在就餐中获得快乐，提高顾客满意度，而且还能让顾客有一段美好的消费过程回忆，从而加强对海底捞品牌的忠诚度，也造就了海底捞服务多年以来的良好口碑。

（2）构建温馨舒适的新意义服务场景。首先，海底捞的店面招牌和餐厅内部均采用全国标准装修，给顾客整体干净明亮、舒适卫生的直观感觉。其次，海底捞统一着装，并要求所有服务人员在工作过程中保持微笑，仪容整洁，女员工淡妆，男员工保持整洁仪表，将其纳入员工考核要求中。最后，整个店内整体呈暖色调，给人以视觉上的温馨感。在顾客"生日场景"中，通过唱歌、跳舞、举灯牌等方式烘托生日气氛，使顾客感受到温馨与仪式感。在新冠肺炎疫情期间，海底捞也采取了一套安全的防疫措施，员工上班前测量体温，佩戴口罩和护目镜；配送员每送完一餐后，用医用酒精喷洒消毒电动车和头盔；随餐附带"安心卡"和"安心贴"；用医用酒精现场消毒送餐盒；当面解开封条锁；赠送一次性手套，客户无须触碰包装袋即可携带回家；配送员和顾客全程保持1～2米的安全距离，以减轻客户的顾虑。和其他的"无接触配送"品牌不同，海底捞的外送服务是面对面交易，而不是让配送员把餐点放在指定地方，再通知客户来取餐。如此一来，便避免了交易过程中餐点被潜在第三方污染的可能。

（3）构建多元化的新意义消费过程回忆。其一，海底捞推出了一系列的"方便菜肴"，既可以缓解线下门店的压力，也可以让海底捞融入用户更多的用餐场景之中，解锁更多的消费需求场景。让用户不只能够在连锁店里品尝海底捞，在家里、办公室甚至在所有生活的场景中，都能够品尝到海底捞。除了增加了更多消费场景之外，海底捞的存在感也得到了极大的提高。其二，为客户定制"千人千味"的服务。海底捞将火锅分为"麻度""辣度""浓度"等指标，并通过爱好类、忌口类个性标签，为每位客户提供定制化的服务。海底捞五种细分锅底基本涵盖了喜欢吃辣和喜欢清淡口味的消费群体。消费者可以根据个人的口味倾向，选择搭配合适的锅底，可以选择鸳鸯锅或四味锅。顾客还可以根据自己的需求选择半份或一份的菜品量。与此同时，海底捞还在不断向大众推出新品，根据消费者口味的不同配备了八种不同风味的蘸料，还有小吃甜品和具有海底捞品牌标识的特色饮品。在"互联网+"时代里，海底捞利用互联网，设计完成自身IT系统的重建与整合。对于顾客来说，可以支持"千人千味"计划，记录顾客点餐信息与喜好，当顾客再次来就餐时，店员可以根据顾客的喜好进行服务。随着一些海底捞"网红吃法"的流行，顾客被多样化与个性化的体验所吸引，并将自己的就餐体验分享到微博、抖音等社交平台，其产生的"粉丝效应"吸引越来越多的消费者进店体验。

（4）**本案例的成效**。海底捞的成功归结于其服务模式不再是传统上菜速度或者菜品质量等方面的提升，而是提升客户的就餐感受与就餐环境。随着人们个性化需求的逐渐增多，使得服务管理从"提高效率"向"创造意义"转变的趋势也在逐渐增强。当今时代的服务管理，不应当只停留在"以人为本"的表面解读，而是更加注重深层次的意义创造，从而使企业获得持续长久的竞争优势。截至2021年，海底捞旗下拥有363家餐厅，其中332家位于中国内地，31家位于中国港台及新加坡、日本、韩国等地区。公司在 2017 年实现 106.37亿元的销售收入。在火锅行业中，"海底捞"品牌已经深入人心，并形成了一种独特的文化现象，成为极致服务体验和就餐体验的代名词。海底捞已将"创造美好就餐回忆"融入品牌文化，使得人们提起海底捞时就会不禁对其服务方式进行夸赞。

4.2 构建产品服务系统

20世纪90年代中后期，联合国环境规划署提出了产品服务系统（Product Service System，PSS）的概念，主要是指企业把其制造出来的产品视为资产来加以经营和管理，推行"从销售产品到提供服务"的发展理念，实现企业的经济利益、满足消费者需求和较低的环境影响三大目标。

当今社会，由于人们日益增长的需求与短缺的资源供给之间矛盾的尖锐化，促使经济模式发生转变已经势在必行。现代工业设计的核心是将产品造型设计转向提供产品和服务集成的综合解决方案。随着云技术、物联网技术等新技术的发展，产品的效益和价值不仅仅体现在硬件产品，而是朝着硬件产品和软件服务结合的方向迅速发展。消费者更多关注产品带来的服务与体验，企业需要了解用户的使用需求和情感需求，统筹有形的产品和无形的服务，越来越多的制造商正从全产品生命周期的视角，关注目标用户的非物质偏好，从产品扩展至产品的使用过程、维护升级、配件市场、产品周边等[13]。

产品服务系统可以帮助企业实现资源优化配置和社会可持续发展[14]。从企业层面上来看，产品服务系统可提高企业的战略定位，拓展经营领域和经营范围，提供给用户产品与服务集成的方案。通过企业与用户的交互扩展延伸，获取可持续的利润，提升用户的满意度。从社会层面上来看，产品服务系统可以满足用户多元化的需求，实现用户和企业双赢，优化系统规划配置，增加了互动和就业机会，促进社会和谐发展。从生态环境层面上来看，产品服务系统更加系统化和有计划性，合理高效，有效减少能源和资源的消耗，提高公共资源的利用率，提高能源的利用率，符合可持续发展的政策和人类发展的共同利益。

4.2.1 站在可持续性的战略视角

产品服务可以分为五种：第一种是纯粹卖产品，不包含任何服务，例如卖保温水杯；第二种是以卖产品为主，外加少量服务，例如卖车外送3年10万千米的保养服务；第三种是不卖产品，而是将产品使用权作为服务来售卖，例如共享单车，消费者只需付1小时的使用费即可享有共享单车1小时的使用权；第四种是只卖服务，消费者只为服务结果买单，例如保洁公司承接银行整栋楼的清洁外包；第五种是只卖体验，消费者为消费体验过程买单，例如迪斯尼乐园提供的角色扮演体验活动，以及在元宇宙的虚拟空间中构建的丰富多样的场景服务。

如图4-11所示，传统上，企业会从"纯产品"起家，主要以买卖实物为主，提供少量服务为辅，例如售后服务。本书的观点是：新时期，决策者应当优先从"纯服务"去考虑服务内容，从生态友好和成本效益两个方面来提升服务管理的质量。如果纯粹买卖产品，那么销售达成的那一刻起，厂家与消费者的关系就已终止；如果卖服务体验，那么销售达成的那一刻起，厂家与消费者的关系才刚刚开始。在服务经济时代，厂家与消费者的服务触点越多，服务周期越长，消费者的黏性就会越大，厂家才能在较长时间段内留住消费者。

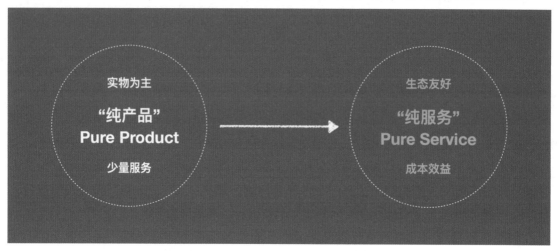

图4-11　站在可持续性的战略视角

4.2.1.1 按时租赁的航空引擎

罗尔斯-罗伊斯（Rolls-Royce）是英国著名的航空发动机公司，成立于1906年，创始人是Charles Stewart Rolls和Frederick Henry Royce，它研制的各种喷气式发动机被世界众多民用和军用飞机所采用。2017年，罗尔斯-罗伊斯基本收入约合人民币1353亿元，其70%的业务为航空发动机。该公司所提供的航空发动机按时租赁的"Power by the hour"服务，以每小时飞行的固定成本为基础，根据发动机飞行时长收费，提供即时维护服务，如图4-12所示。在从"纯产品"向"纯服务"转型的过程中，罗尔斯-罗伊斯顺应市场发展潮流和客户需求，及时调整销售战略与商业模式，重视发展租赁业务，其从中所获得的可持续的利润是不可估量的。

图4-12　按时租赁的航空引擎

（1）以"纯服务"取代"纯产品"，增加厂家与消费者的服务触点。一台发动机的使用寿命一般为25年，包含一万多个部件，而发动机平均每五年就要进行一次大保养，一次大保养费用动辄高达几百万美元，一次维护的成本，足以抵得上一辆新发动机了。更何况，飞机维修返工需要花费几个星期甚至几个月的时间，对飞机的正常运行造成了很大的影响，这也使得制造商和客户的利益总是发生冲突。再者，许多航空公司都在各自的维修设施和服务支援网络上进行了投资和布局，但这也导致了行业整体性的售后服务能力建设冗余和浪费。因此必须对自己的维修业务进行调整，好把精力集中到企业的经营上。正是出于上述考虑，英国罗尔斯-罗伊斯公司在20世纪90年代末为顺应市场和客户的需求调整了产品销售战略，1997年正式推出了TotalCare，1999年斩获了第一单TotalCare服务协议，为美国航空订购的50架由Trent 800发动机驱动的波音777机队提供一整套的打包服务，其中包括发动机送修、航材备件供应商管理、参与美国航空自有的维修基地合资合作等。这份协议为期20年，与传统的单次维修单次结算的模式不同，航空公司按照协议约定，根据飞行小时数来计算并支付费用。这项举措也有助于罗尔斯-罗伊斯进行技术创新，其现代发动机内设监控系统，可以将发动机运行中的实时运行数据传输回运行室，使他们合理有效地安排维修时间，还可以延长大修的时间间隔，从而使其自身和客户从售后服务的创新中获益。

（2）构建低成本、高效益的可持续性商业服务。当前的航空发动机市场商业模式与以往相比有了很大的差异。在过去，商业航空发动机大体还是以制造业的商业模式为主，采购、科研、生产与销售是其最核心的经营要素。但现在，商业航空发动机的两大买单方是飞机制造商和航空公司。除了传统的采购方式之外，日益趋向于租赁方式以飞行小时计费，这不但极大地降低航司创立之初的资金占用问题，同时也能使企业在未来的经营中腾挪出更多空间盘活资产，规避残值风险，更好地迎接下一代发动机的出现。因此航空公司在购买时，一般是购买飞机而非购买发动机，发动机转而向发动机制造商租用。这将使传统航空发动机制造上的商业模式发生根本性改变。其中最明显的变化就是发动机厂商将从过去单一的供应商身份，转变为供应商和服务商二者兼具的身份，这要求发动机厂商不但对发动机的研发生产制造技术过硬，还要求发动机厂商要越来越了解航司，能够主动通过对航司飞行数据和不同航司的运维习惯，有针对性地把自身发动机装配到不同机型。客户关注点的变化，引发发动机厂商一系列商务资源、品牌内涵、营销重点以及服务模式的变革。发动机的作用也不止于此。许多船舶和能源产品都会从发动机中衍生而成，罗尔斯-罗伊斯的MT30船用燃气涡轮机来自波音777飞机上的遄达800发动机。发动机产品的衍生价值也为其产品本身增加了更多的服务与体验。

（3）构建生态友好型租赁业务模式，提升品牌价值文化。这种商业服务模式立足于企业长期发展战略，创新了符合时代发展要求的航空产业设计服务系统。典型的TotalCare协议包含基础服务和若干附加的服务内容。基础服务内容包含发动机正常状态监测、全方位的发动机大修、可靠性升级、服务整合以及特殊维修项目，附加的服务内容包含发动机技术资料管理、发动机送修运输、备发支援、非计划内的发动机大修服务和客户可选择的特殊航线维修项目，如图4-13所示。客户可以根据这个菜单灵活选择。该服务模式符合制造商和运营商的利益，他们只为性能良好的发动机付费，该服务允许运营商消除与计划外维护事件相关的风险，并使维护成本有计划且可预测。这项业务同时也可以缓解航空公司经营初期的资金压力，附带的专业维护保养服务也减少了航空公司在这方面的大笔支出。产品服务系统的升级也使得资源的利用率增加，有效减少了资源的过分消耗，实现绿色可持续发展。

图4-13　发动机维修

（4）本案例的成效。罗尔斯-罗伊斯公司的收入结构发生了根本性的变化。2015 年，公司的服务项目收入（占比52%）正式超过了发动机产品销售收入（占比48%），成为公司最重要的摇钱树，而且服务项目收入还在以9%的速度持续增长。公司在盈利之余完成了从传统制造产品到提供服务方案的商业模式转变，罗尔斯-罗伊斯的服务转型正从传统的"纯产品"转向"纯服务"。产品的租赁是罗尔斯-罗伊斯的新型服务模式，在发动机租赁给航空公司那一刻起，其产品形式就发生了转变。罗尔斯-罗伊斯不再是一家只销售发动机的公司，而是利用发动机衍生出其他新的服务模式从而获取利润。不仅满足了客户多元化的经济需求，还优化了企业的资源配置与绿色技术的创新，符合可持续的长远发展目标。

4.2.1.2　老爸评测的检测服务

杭州老爸评测科技有限公司创立于2015年，公司创始人魏文锋被粉丝亲切地称为"魏老爸"。他毕业于浙江大学物理学系，在浙江出入境检验检疫局从事产品检测和认证工作十年，从事化学品毒理评估和欧盟REACH法规顾问咨询工作八年。老爸测评现有粉丝5000万，致力于向全网输出专业化优质的科普评测内容，并为消费者提供美食、美妆、母婴等方面的好产品，用"自媒体评测+优选电商"的形式，实现"让天下老百姓过上安全放心生活"的公司使命，如图4-14所示。

图4-14　老爸评测的检测服务

（1）将服务体验价值融于新时代服务内容，增强消费者黏性。2015年，魏文锋无意中发现女儿使用的包书皮味道刺鼻，于是在学校门口随机收集了七种类似的包书皮，以9500元的检测费送往泰州市国家精细化学品质量检验中心进行检测。收到的检验结果表明，送检的七种包书皮都含有生殖毒性物质和致癌物质。魏文锋拍摄了8分钟的纪录片，并将"毒书皮"的纪录片在社交平台上曝光，阅读量迅速突破了10万，视频点击量超过了1500万。自此，魏文锋创立了杭州老爸评测科技有限公司，开始组织对各类常见消费品进行第三方检测，并通过社交媒体披露化学品超标等信息，先后曝光了包书皮、魔术擦、塑胶跑道、激素面霜等多个有潜在安全隐患的产品，为家长们提供了安全健康的产品信息，并促进各个品类标准的提高和市场监管的加强。

（2）多元化服务增强品牌可持续发展能力。老爸评测包括多项服务。第一项：老爸评测。目前全网粉丝5000万，内容分发在公众号、抖音、新浪微博、小红书、今日头条、B站等多个媒体平台。老爸评测自媒体本着"发现生活中看不见的危害"的理念，以"评测视频+科普图文"的形式，为全网粉丝带来优质内容。第二项：老爸商城。通过销售检测合格的产品来获取收入，所有的物品只推荐和销售一个品类的无毒可用的合格产品，通过"做减法"的销售思路，满足了家长对于购买所需产品的安全心理，促使产品制造商更加自觉主动地生产优质产品内容，从而实现企业的可持续发展，使行业生态绿色发展。第三项：老爸实验室。这是一个集中老爸评测所有技术力量的云检测平台。与几十家有专业资质的第三方实验室达成密切合作，并自行投入1000多万元资金购入检测设备，实现"让实验室检测走进更多老百姓的日常生活"。第四项：老爸抽检。专注于从消费者角度出发，将不少于四分之一的利润用于产品检测，以老爸评测标准为依据，对产品从原料、生产过程、产品品质全方位进行评价，挑选出优质的商品，承担起企业的社会使命，从而满足人民日益增长的美好生活需要。

（3）构筑"纯服务"的合理测评环境，增强消费者信任度。"老爸评测"的检测范围从一开始的儿童用品扩展到和吃穿住用相关的商品。老爸评测使用科学的方法，依据欧盟REACH化学品安全评估法规和其他发达国家消费品安全监测标准和评估准则，通过在每件销售的商品上抽取小额检测费的方法，实现对商家供货的商品进行滚动式匿名抽检，由家长共同参与，保障商家持续稳定提供放心商品。"老爸评测"并不是直接对商品进行检测，而是委托有资质的第三方实验室完成数据报告。拿到检测机构出具的报告后，"老爸评测"使用易懂的图文或是活泼形象的小视频，通过社交媒体账号对外发布，使家长可以免费、迅速地获取信息，满足了用户多元化的需求。此外，评测条件和追求的目的更贴近实际消费环境和消费状态，更容易受到消费者的关注和理解。"老爸评测"在获得消费者信任的同时，消费者对于企业产品与信息内容的忠诚度也会增加，使其愿意重复购买产品内容。据了解"老爸评测"的网络重复购买率达到48%。

（4）本案例的成效。"老爸评测"很好地切中了一个社会痛点，即产品质量问题。2017年11月，浙江省质量技术监督局关于公布第一批产品质量安全伤害信息监测点的通知，"老爸评测"被指定为第一批监测点。"老爸测评"已超脱于传统的明星推荐与网红带货效应，将产品质量放在第一位。当下中国实现全面小康，产品质量问题备受关注，"老爸测评"的服务方式通过严格的产品检测获得顾客的充分信任，其商业创新模式以及符合现代社会需求的产品服务系统真正促进了社会问题的有效解决，曾获得2015年度"中国社创之星大赛"冠军。"老爸测评"不再是单一地进行产品推荐，而是将产品质量检测这一服务作为卖点，使得老爸测评在市场上占有重要地位。其企业自身的公益属性以及聚焦民生热点问题的社会使命，赢得了社会公信力，实现了企业的经济利益、满足消费者需求和绿色生态三方面的目标。

4.2.2 匹配现代数字化商业环境

世界已经进入信息—物理—机器—人类（Cyber-Physics-Machine-Human）四元空间[15]。四元空间让共创汇聚的大数据成为无限分享、无限增值的创新资源，数字化、网络化、智能化造就设计制造、经营服务、消费应用新格局[16]。传统制造业的数字化转型升级，需要有效地和服务经济、数字贸易等新的商业环境相匹配，才能获得新的竞争优势。在基于信息、网络和物理环境的社会语境下，产品的范畴已经从物质化到非物质化、从实体到虚拟不断扩展。互联网和物联网技术的发展和广泛应用，促使物理层面的硬件连接变得更加紧密；软件技术的进步，让人们有更好的条件去开发和使用丰富的虚拟内容和应用。

如图4-15所示，传统上，企业会在看得见摸得着的硬件设施方面重点投入，例如提供高大上的办公空间、引进最先进的医疗设备等，这些都是"物质"层面上的发展，无可厚非，因为这些会直接影响消费者对企业品牌的认知。本书的观点是：新时期，决策者应当将更多注意力转移到"非物质"层面的产品内容，例如虽然看不见但是具有强大联结客户能力的软件平台、虽然摸不着但是可以被客户感受到的线上服务流程。这些无形的数字化虚拟内容也是企业的重要资产。

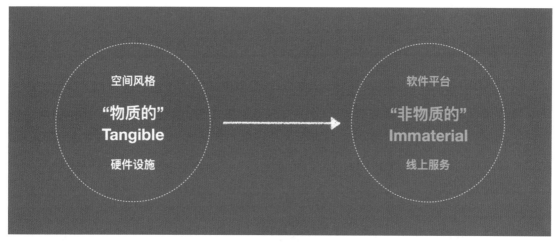

图4-15 匹配现代数字化商业环境

4.2.2.1 软件代码的托管平台

2008年，GitHub正式上线，总部位于旧金山，由Tom Preston-Werner、Chris Wanstrath和PJ Hyett共同创立。GitHub是一个面向开源及私有软件项目的代码托管平台，可以为全球的开发人员托管整个项目的文档内容和软件代码，如图4-16所示。除了Git代码仓库托管及基本的Web管理界面以外，GitHub还提供了订阅、讨论组、文本渲染、在线文件编辑器、协作图谱以及代码片段分享等功能。目前，其注册用户量已达到百万级别，所管理的项目量也在千万以上。其中不乏知名开源项目Ruby on Rails、jQuery、Python等。

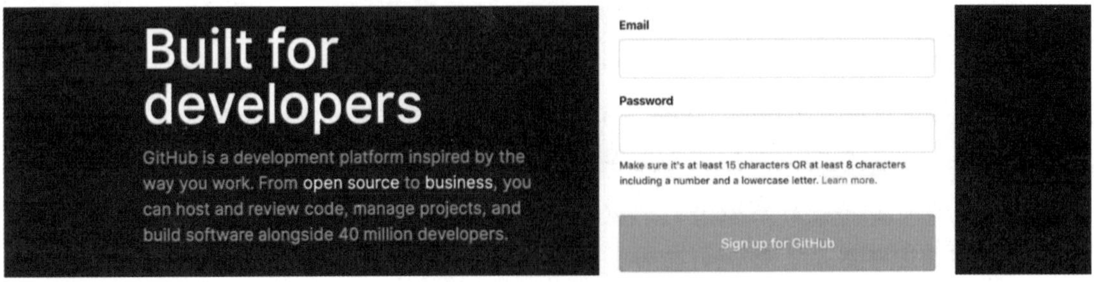

图4-16 软件代码的托管平台

（1）安全可靠的代码性能为虚拟化发展保驾护航。GitHub有三个核心的功能：第一个是可协同，在功能层面包含仓库管理、分支管理、权限管理、提交管理、代码评审等代码存储和版本管理等功能，让开发者可以更好地协同工作，从而使得项目内部的任务对接更加顺畅，增加项目内部信息流通速度；第二个是可集成，好的代码托管服务应该具备灵活和简易的三方工具集成能力，有些甚至直接内嵌了持续集成和持续部署能力，降低软件开发和部署的成本，同时，有效的集成能够为该平台的开发者提供丰富的物质资源和必要资本；第三个是安全可靠，这最重要的一点，对于企业而言，代码的安全性，服务的稳定性，数据是否存在丢失或被窃取的风险，是最优先需要考虑的点。GitHub不仅提供了托管代码的存储空间，同时也为开发者们创造了相互协同、共创开源项目的开发社区。而开源是个全球化的社会趋势，没有软件开发经验的人也能通过GitHub的记录、发布、版本追踪等功能进入开源圈共同编写程序。

（2）方便快捷的虚拟化代码托管增强产品服务效率。一方面，客户只需同时在线，就可以在两台电脑上进行同步开发。另一方面，如果代码出现错误，只需要单击回退就可以回到之前能够正常运行的版本。除此之外，客户在合作编写代码时只需在GitHub上新建一个项目，每人建一个代码分支，到时候汇总即可。与Google Doc和Dropbox相似，GitHub通过友好的Web界面可以支撑开发者分布式地共同撰写代码，目前几乎完全取代了以Subversion为代表的集中模式。

（3）虚拟性的线上服务为全球程序员提供交流互动的平台。目前Google Go和Microsoft .NET团队都放弃了自家的开放源码平台，移转到GitHub上开发，以争取社群的支援。已经有人将GitHub称为代码玩家的MySpace。GitHub已经成为开发者讨论、开发与分享代码最活跃的平台，甚至已经成为开发者的履历。如果开发者能做出很多人使用的开源项目，就可以快速增加全球知名度，甚至增加和各国开发者讨论与互动的机会。企业使用开源项目，能够确保产品跟上世界最新的进展，让产品更具有竞争力。对企业来说，开放源码计划是个很好的机会，借此机会，企业可以了解到世界上其他的专家拥有什么样的知识与技术。GitHub平台的健康发展为开源技术的日益强大提供了无限想象，从而吸引更多的群体智慧加入其中，共同推动开源软件的发展，使企业或个人从中各取所需，更加适应现代数字化的商业环境。

（4）本案例的成效。GitHub建立的托管平台以及全球程序员社区正是"非物质的"产品的体现。在GitHub上，虽然顾客获得的是非实体的产品，但其提供的服务在另一种意义上属于"数字化产品"。数字化产品的出现标志着世界的消费观已经开始转变，非物质的产品与服务开始备受关注。2008年4月GitHub正式上线之后，其客户范围非常广泛，包括苹果、亚马逊、谷歌等许多大型科技公司，覆盖医疗、制造业、技术等行业的150万家企业，有18亿个平台和企业使用。GitHub上有8000万个存储库，为2700万开发者提供服务。GitHub的"非物质的"产品已被各大行业和用户所接受和使用，其强大的线上服务流程以及世界范围内的协同连接能力备受瞩目，实际上，"非物质的"虚拟内容及线上服务已经成为社会消费的一种趋势。新的服务方式衍生出新的机会。萨蒂亚·纳德拉也表示：微软+GitHub=为开发者赋能。

4.2.2.2　科大讯飞的语音识别

科大讯飞股份有限公司于1999年成立，总部设在中国合肥，是一家专门从事智能语音、语音技术研究、语音信息服务、软件及芯片产品开发的科技型企业，如图4-17所示。其研发资金一直保持企业营收20%以上，在所有的研发资金中70%投入当前的主导产品，20%投入战略新产品，10%投入前瞻科技领域。在现代化的商业环境中，科大讯飞的"非物质的"虚拟化产品服务实现了企业自身跨越式的发展。

图4-17　科大讯飞的语音识别产品

（1）创新技术促使企业更加适应现代化的商业环境。在智能语音方面，2010年科大讯飞利用深度神经网络技术推出第一款中文输入法，成为世界上第一家推出可商用语音输入法的公司。2012年，在全球语音合成大赛中，其汉语语音合成技术以自然度4.5MOS的指标，接近《新闻联播》主持人5.0MOS的水平。2019年，科大讯飞新一代语音翻译关键技术及系统荣获世界人工智能大会最高奖项SAIL应用奖。科大讯飞以领先世界的智能语音技术为核心，在此基础上不断进行技术创新，拓宽了品牌价值，增强了品牌竞争优势。

（2）创新商业服务模式拓展人工智能应用场景。科大讯飞的智能语音技术经过不断发展，其市场化应用大致经历了三个阶段：第一个阶段经过技术的创新，使机器完成了从"能听会说"到"会思考"的突破；第二个阶段着重对教育和城市管理等领域进行落地应用技术探索；第三个阶段不断拓展应用场景，逐渐传播到各行各业和用户个人，启动"讯飞人工智能开放创新平台"和"讯飞超脑2030计划"。作为2022年北京冬奥会和冬残奥会官方自动语音转换与翻译的独家供应商，科大讯飞开发了能够用多种语言进行面对面交流的虚拟志愿者"爱加"，如图4-18所示。早在2019年，科大讯飞就曾借助先进的语音转换技术，围绕"人和人之间沟通无障碍、人和组织之间沟通无障碍、人和赛事之间沟通无障碍"三大方向，加速应用场景落地，将虚拟内容应用到无障碍的互动交流场景中。

图4-18　科大讯飞"爱加"

（3）聚焦市场需求建立持久竞争优势。企业想要转型升级，要以市场为导向，在发挥自身竞争优势的基础上，与数字化的商业环境相匹配。科大讯飞将人工智能技术与各应用场景进行深度融合，并针对各领域的多元化需求进行垂直细分，以便全方位地适应市场需求。在智慧教育领域，科大讯飞将数字化的教学环境与针对性的综合解决方案相结合，实现教与学的积累；在智慧城市领域，其开发的7×24小时政务服务地图，满足了群众多样化的办事需求。科大讯飞在以市场为导向，以技术为支撑进行全方位发展的同时，将更多的注意力转移到"非物质"层面的服务内容，满足了客户虚拟化的心理需求，使企业和客户之间的联系更加紧密。

（4）本案例的成效。现如今数字化发展迅速，企业如果想要在数字化的商业环境中取得长久发展，应该将企业自身更恰当地融入四元空间中，使企业逐渐完成从"物质"层面向"非物质"层面过渡。科大讯飞在2003年和2011年荣获"国家科技进步奖"；2022年4月由科大讯飞承建的我国首个认知智能国家重点实验室，以优异的成绩登顶常识推理挑战赛CommonsenseQA 2.0，刷新世界纪录。随着个人对虚拟化内容需求的逐渐增多，新时代的决策者应该从全产品的视角出发，将"有形"与"无形"的价值有效地结合起来，更好地服务于人自身的使用与情感需求。

4.3　实施体验管理工程

服务管理的核心是服务质量。芬兰学者格朗鲁斯（Gronroos）在《从科学管理到服务管理：服务竞争时代的管理视角》一书中提出了顾客感知服务质量的概念，论证了服务质量从本质上讲是一种感知，是由顾客的服务期望与其接受的服务经历比较的结果。服务质量的高低取决于顾客的感知，其最终评价者是顾客而不是企业。要实现在市场经济下的顾客满意化和差异化竞争优势，必须在核心产品之外有更多的价值，才能吸引顾客，扩大产品的市场份额。因此，服务管理有四大转向：从关注产品的效用转向关注顾客关系总效用；从关注短期交易转向关注长期伙伴关系；从关注产品质量或产出技术质量转向关注顾客感知质量；从把产品技术、质量作为组织生产的关键转向全面效用和全面质量作为组织生产关键。

体验管理是帮助企业发现用户数据的价值，以用户为中心去探索内外部的创新，自上而下地整合内部组织流程，实现战略目标的下钻执行，分派到人，同时对用户提供更好的产品和服务体验，提升用户消费的体验，带来更高的商业回报。体验管理工程的目标实质上是通过满足客户的服务需求和期望来达到较高的客户满意度。服务的基本需求是指服务要满足客户最基础的需求，也是服务质量的底线；服务的期望是指客户在服务的过程中希望服务的方式。客户对服务的评价，往往取决于客户对服务体验的整体满意度。一个理想的客户体验必是由一系列舒适、欣赏、赞叹、回味等心理过程组成，带给客户以获得价值的强烈心理感受，它由一系列附加于产品或服务之上的事件所组成，鲜明地突出了服务的全新价值，强化了服务厂商的专业化形象，促使客户重复购买或提高客户对厂商的品牌认可度。

4.3.1　探索服务之外的体验价值

基于服务业的蓬勃发展和制造业在制造技术、产品功能及产品方面的趋同，市场竞争已进入了服务竞争的时代。面临服务竞争的各类企业必须通过了解、掌握和管理顾客关系中的服务要素来获得持久的竞争优势。服务管理的出发点是为企业创造更多的价值，服务管理的落脚点是为用户提供更好的消费体验。两者的结合点就是通过服务创新去探索服务之外的体验价值。良好的体验管理有助于企业不断完善产品或服务。通过对客户体验反馈加以有效把握和管理，可以提高客户对公司的满意度和忠诚度，并最终提升公司价值。

如图4-19所示，传统上，企业会把服务看作创造附加价值的经营环节，企业的核心价值承载于有形产品上，通过对各项技术指标的科学管理来保障产品服务从而创造出更多的额外价值，服务管理只是企业管理中的一个重要组成部分。本书的观点是：新时期，决策者应当将服务本身确立为企业核心经营主体，通过服务主线把企业所拥有的产品、渠道、人力等资源串联起来。此时服务管理的重点通过人际关系的运营探索服务之外的体验价值，通过体验式的服务过程来赢得客户的尊重，从而在市场上塑造良好的品牌口碑及品牌好感度。

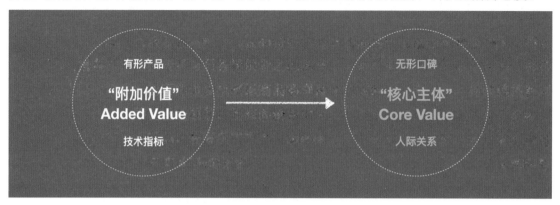

图4-19　探索服务之外的体验价值

4.3.1.1　迪斯尼的体验式服务

迪斯尼乐园是由美国电影动画师华特·迪斯尼以他自己所创造的动画人物形象为背景而建立的主题乐园，如图4-20所示，截至2022年年初，全球共有6座迪斯尼乐园，分别是香港迪斯尼乐园、上海迪斯尼乐园、东京迪斯尼乐园、巴黎迪斯尼乐园、加州迪斯尼乐园和奥兰多迪斯尼乐园。2005年香港迪斯尼度假区开幕，2016年6月16日上海迪斯尼乐园正式开园。宾客（Guest）是迪斯尼对于游客的称呼，这种称呼让员工在脑海中呈现出接待受欢迎访客的图景。在迪斯尼，创造快乐，为全世界所有年龄段的人呈现最好的娱乐体验是迪斯尼所有员工的共同目标。

图4-20　迪斯尼的体验式服务

（1）高质量的服务标准营造良好的品牌口碑。迪斯尼度假区和主题乐园的服务品质标准主要有安全、礼仪、表演和效率四项。其一，迪斯尼将安全作为优质服务的第一要项，把出错概率控制在千万分之一，并以超越当地的安全标准来设计景区、交通设施、酒店以及餐厅。除了配备大量的专业安保人员，迪斯尼要求全体演职人员必须熟悉所有设施安全操作步骤和每个区域的安保流程。其二，迪斯尼将礼仪作为优质服务的标杆，迪斯尼的品质标准要求每一位宾客都能享受到VIP待遇。演职人员必须保持友善，随时随地回复宾客的问题，如果时间允许，还要亲自带宾客到他们要游玩的地点，让宾客开心是他们最大的责任。其三，迪斯尼将最好的演出作为优质服务的重要元素，让宾客从入园开始就不间断地保持兴奋状态。在迪斯尼乐园，每一处区域都要起源于一个故事，无论是整体景观还是一盏灯、一个垃圾桶都要与故事主题相吻合。表演文化体现在迪斯尼的方方面面，从剧场里的台词到演职人员的外表装扮，就连人力资源部门的工作都是表演的一部分，迪斯尼乐园本身就是一场配合完美、天衣无缝的演出。其四，迪斯尼将所有设施高效率的运作作为优质服务的重要前提。为了节约宾客的旅途时间，迪斯尼世界提供魔法快车服务免费接驳往来乐园与机场的宾客。宾客可以在下榻旅店对行李进行安检，然后在落地的机场领取。在园区内，宾客可以乘坐专门设计的通勤车在各景点之间往来穿梭。

（2）将服务本身作为"核心主体"，增强宾客的体验价值。品质标准需要演职人员、场景设置和流程等全面具体地进行配置。其一，迪斯尼将员工称为"演职人员"，对其来说，工作就是表演，制服就是戏服，演职人员是将幻想工程师所创造的梦幻主题真实呈现出来的表演者，是优秀服务的提供者，是宾客愿意故地重游的最重要的原因。演职人员会通过角色扮演的方式熟悉迪斯尼的共同目标和品质标准，根据宾客的独特情况提供个性化服务，如图4-21所示。迪斯尼鼓励每个演职人员创造和改进本土化的精彩表演，让宾客获得更为精彩且难忘的体验。从而提高宾客对体验服务的满意度。其二，惟妙惟肖的场景设置为迪斯尼增加了梦幻乐园的氛围感。在迪斯尼乐园中所有的建筑、景观、照明、色彩、标识信号、地毯上的方向标志、地板表面的纹理、音乐、气味、触觉体验、味觉体验等要素都会进行精心设计，利用最新的技术来为宾客创造沉浸式体验和奇幻梦境。其三，完善的流程是优质服务的发动机，宾客的满意度是发动机的动力。流程主要包括演职人员和场景设置的因素，以及对这些因素的利用。迪斯尼将这三部分要素巧妙地结合在一起，为宾客提供了一场难忘的奇幻之旅。

图4-21　迪斯尼的个性化服务

（3）通过优化体验价值增强宾客对于品牌的好感度。例如在解决长时间排队问题上，迪斯尼从操作流程、客流本身和排队体验三个方面进行优化。其一，优化操作流程。迪斯尼设计了一项叫作"额外的魔法时光"的计划，向下榻在迪斯尼集团酒店的宾客提供提早一个小时开放和晚三个小时关闭的服务，使宾客在体验过程中有充分的自由度，以"额外的"服务体验增强宾客消费体验感受。其二，优化客流。迪斯尼通过游玩攻略、定时更新的提示来为宾客提供精确的参考信息，赋予宾客自己安排活动的能力，宾客也可以向演职人员询问来辅助自己规划参观行程，通过交流互动的体验过程赢得宾客的喜欢与尊重。其三，优化排队体验。在宾客等待的过程中，演职人员通过表演来吸引宾客的注意力。迪斯尼还精心制作了互动式装置来帮助宾客打发时间，例如飞翔项目外安装了带有运动探测器和热传感器的巨型屏幕，可以让宾客在排队时组队玩视频游戏。此外，还推出高效的"快速通行证"服务，为宾客提供一小时的通关时效，宾客只需要在时效之内返回，就可通过"专用通道"优先入场。服务管理最终的落脚点都是为了让宾客有更好的消费体验，只有不断地进行人性化的优化，才能将体验管理的价值发挥到最大，由此来为企业创造更多的价值。

（4）本案例的成效。迪斯尼的魔法服务往往起源于一个伟大的故事，并通过艺术与技术的结合完成视觉呈现。迪斯尼的成功不仅在于打造了最好的产品，还在于激发了演职人员内心的善意与创造力，带给宾客美好的体验与关爱，让其与真实的自我久别重逢，在梦幻的场景中体会到温暖的美好与人性的光辉。无论是从迪斯尼App应用关注不同项目的排队时间以及游玩攻略，还是通过"演职人员"或者场景打造的方式来提升宾客的游玩体验，在迪斯尼，新型的服务模式不再是创造利润的经营环节，而是将服务、技术与资源相结合，打破传统的有形产品服务，转而打造迪斯尼的品牌与口碑，为客户的二次甚至多次光顾做好准备。

4.3.1.2　连接人的Airbnb民宿

Airbnb成立于2008年8月，总部设在美国加州旧金山市，创始人为内森·布莱卡斯亚科（Nathan Blecharczyk）、布莱恩·切斯基（Brian Chesky）和乔·杰比亚（Joe Gebbia）。Airbnb是一家连接旅游人士和家有空房出租的房主的服务型网站，它可以为用户提供多样的住宿信息，如图4-22所示。用户可以通过网络或手机应用程序发布、搜索度假房屋租赁信息并完成在线预订程序。如今，其用户遍布190个国家近34 000个城市，被《时代周刊》称为"住房中的eBay"。

图4-22 连接人的Airbnb民宿

（1）优化服务内容本身，增强用户的体验感与信任度。Airbnb诞生的初衷是为参加全美设计大会没预订到酒店的设计师提供住处，在会议期间，要找一个能够让租客信任房主、价格便宜的住宿房间非常困难。受当时条件的限制，Gebbia和Chesky将这个项目命名为"充气床+早餐"（Air bed and breakfast），他们上线的第一个网站域名就是airbedandbreakfast.com。这就是Airbnb名称的来源。Airbnb最大的特点和竞争优势不在于它所提供服务的价格，而是希望打造一个让信任成为整个住宿体验中不可或缺的住宿市场，从而让人们对住宿行业的信任普遍化。信任的概念后来支撑了整个Airbnb的体验，并成为Airbnb独特价值主张中重要的组成部分。

（2）通过人际关系的运营探索独特的服务体验。联合创始人Nathan提道："我们并不想成为在线旅游中介，我们不想做那些已经在售卖的、完全商品化的酒店服务，我们希望提供一种独特的服务。"为了保证租客能享受到独特的体验，Airbnb只招募个人房源，限制招募职业房东、二房东和中介。其商业模式也非常简单，即个人通过Airbnb平台出租闲置的房源，房东从中赚取佣金，房客享受较酒店更便宜的租金及特色化的服务，Airbnb收取服务费为切入点，实现三方共赢。Airbnb不希望房东与租客只是单纯的供需关系，而是希望通过重塑双方关系，让租客和房东有深度连接。房东在提供住房之外，可以让租客参与当地独特的风俗体验，例如，在韩国的一个房东就为租客提供制作泡菜、萝卜干的教学等。

（3）"保险计划"的实施为人际关系的运营提供保障。2011年7月，Airbnb曾遭遇过一次非常严重的信任危机：一位旧金山房东抱怨自己的房子被房客洗劫一空，此事发生后，迅速登上包括《纽约时报》《华尔街日报》等主流媒体头条。为了应对这次危机，在当年的8月份，Airbnb迅速推出了5万美元的房主保险计划，保险计划一实施，危机很快化解，随后，担保金额范围从5万美元提高至100万美元。2012年Airbnb创立了专门处理用户投诉的信任与安全部门，并推出一系列的新政策，包括7×24客户服务和保险。通过这一系列重构信任的举措后，Airbnb在用户社区中重新赢得了信赖，其平台房源的增长速度比以往任何时候都要快。服务管理在重点关注"核心主体"本身的时候，也要更加全面系统地审视影响其发展的各项因素，以更好地服务客户，提升客户的满意度与忠诚度。

（4）将社交功能融于品牌服务过程，拓宽人际关系网。Airbnb将Facebook的社交网络功能推向极致，它针对性地推出了一个名叫"Airbnb Social Connections"的过滤功能，专门给房东或房客用户提供对社交圈内对象的查找。首先，不管是房东还是房客，注册Airbnb时都只有两种注册方式。一种是用Facebook账号注册；另一种是用邮箱注册。并且Airbnb鼓励每个人都使用Facebook账号注册的方式。这个时候，当房东或者房客使用Facebook账号登录Airbnb并搜索一个城市的房间信息时，Airbnb将显示该用户与房东之间的社会关系。例如，用户在旧金山找Airbnb的房子住，Airbnb会显示房东与用户之间共同的Facebook好友，如此一来，用户的体验消费可能更具有安全感。自始至终，信任一直是Airbnb体验的重要组成部分。通过加入这个功能，Airbnb能够让新用户更容易对自己在平台上租住的房屋有信心。这抵消了许多Airbnb新客人在熟悉Airbnb服务之前存在的顾虑，同时它还帮助Airbnb解决了需求方的市场增长问题。

（5）缩短交易的时效增强服务体验价值感。为消除用户负面预订体验的顾虑，Airbnb 大力推广"即时预订"模式。但此模式对房主而言其实存在潜在的安全顾虑，因为这相当于陌生人不经过自己同意就可以租用自己的房间，房主房屋安全得不到保障，为了降低房主的担心，Airbnb双管齐下。一方面，开发了一个身份认证系统，用来确认房客的真实身份信息，采用的具体措施包括证件扫描、用户线上信息与线下信息的匹配、欺诈监测机器学习模型等。通过这些方式，房主和房客之间在平台上建立更多信任。另一方面，重新设计了移动端日历体验，开发了通知功能，提醒房主实时更新房源可出租日期。借力于以上改善策略，Airbnb成功取得了房主的信任，越来越多的房主开始采用"即时预订"模式，使用此功能的房主从几个百分点快速增至50%以上。两年半之后，超200万挂牌房源都使用了"即时预订"功能，整体预订转化率提高了60%以上。

（6）个性化的服务体验增添服务体验的趣味性。Airbnb和MINI联手发起一场"48小时够你玩"的主题活动，在活动期间住进Airbnb指定页面的特色房源，有机会解锁隐藏在房源里面的MINI，并获得试驾机会，如图4-23所示。通过住宿和出行相结合的方式，重新定义旅行的意义，让旅行者能体验到更方便和丰富的春季周边游，这让周末过得更有趣。Airbnb通过探索服务之外的体验价值，给予用户不一样的消费体验与感受，以个性化的体验定制增加用户与企业的黏性。

图4-23　"48小时够你玩"主题活动

（7）本案例的成效。截至2019年，Airbnb拥有5400万活跃住户和400万房东，其总预订规模高达380亿美元。Airbnb所提供的房源，除了本土化的住宿条件之外，短租民宿更是实现了人与人之间的连接，满足消费者的场景化社交需求。Airbnb不仅是一个帮助消费者寻找住宿的平台，还把民宿作为载体，将顾客与房东间接联系在一起，从而变相提升顾客的住宿与游玩体验。Airbnb为参与社会互动的人们创造了一段特殊的经历，而人们从这段个性化经历中感悟出的意义，会影响他们生活的方方面面。

4.3.2　理解服务管理的决策逻辑

服务管理所要研究的是如何在服务竞争环境中对企业进行管理并取得成功，以增加客户对服务的满意度。它包括对服务利润链的分析、服务的交互过程与交互质量、服务质量管理中的信息技术、服务业产品营销与制造业产品营销的比较等。

管理就是决策，决策逻辑直接反映决策者的选择价值观。当两个选择同时出现的时候，他们各自都包含了好与不好的一面。决策者需要做出一个选择，这就涉及价值观的问题。个人存在价值观，组织也存在价值观。组织价值观是一种以组织为主体的价值取向，是指组织对其内外环境的总体评价和总体看法。具体来说，组织价值观是组织在追求经营成功的过程中，所推崇和信奉的基本决策逻辑。组织的价值观会直接体现在企业使命愿景、经营目标和管理手段上。

如图4-24所示，传统上，企业管理层的决策逻辑是以增收提效为目标导向，从生产服务的优化和服务流程再造两个方面来提升企业向客户交付产品的服务质量。本书的观点是：新时期，决策者应当优先以社会福祉为企业愿景，通过服务创新来达成组织使命，特别是从产品意义的重塑和商业模式的转变两个方面来实现经营目标。

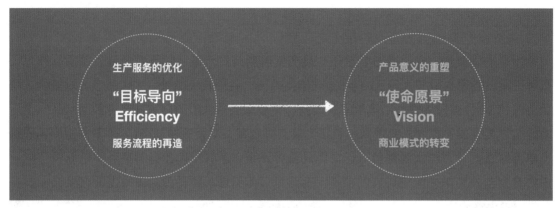

图4-24　理解体验管理的决策逻辑

4.3.2.1　华为开发者服务体系

华为公司于1987年成立，创始人是任正非，总部设立在广东深圳。华为的销售业务主要包括企业、消费者、运营商三大板块，华为智能终端隶属于消费者业务的范畴。近年来，华为公司致力于发展移动服务、鸿蒙等生态战略，并将生态合作伙伴价值实现纳入公司的价值观之中，生态伙伴尤其是开发者体验成为生态战略中至关重要的一个环节。鸿蒙为开发者及厂商提供了丰富的开放服务能力。如何将这些技术传递给开发者并能够充分为他们所用，除了要充分理解开发者的心智模型及使用习惯之外，更要创新性地结合服务设计思维，以及用全流程服务开发者为切入点，让华为开发服务有效、高效地服务于用户，如图4-25所示。

图4-25　华为开发者服务体系

（1）全方位构建出服务品牌体系，重塑产品意义价值。优秀的服务设计应充分将产品在各个阶段的战略目的与用户的心智发展阶段相结合，从而给用户提供最佳的服务体验。华为终端开发者服务体系同样包含了多元化的服务与产品，如何识别出有效的服务路径及触点体验来增强用户黏性是关键，相比于成熟的生态，当前华为生态与伙伴均处于快速成长期。2020年华为面向全球用户推出了移动服务及鸿蒙开放服务能力，如何通过良好的引导服务来帮助开发者快速地探索理解价值并愿意加入华为生态是体验关注的重点。2021年，华为提供了优质的知识产品来帮助开发者学习成长。完整的服务品牌需要围绕服务理念打造服务行为，并采用服务品牌形象来将服务理念显性化，从而更好地传播服务品牌，而口碑传播及品牌印象对于生态开发者伙伴这一特定领域尤为重要。

（2）帮助引导开发者加速融入华为生态体系。开发者在引导阶段与学习阶段的学习实践至关重要。引导阶段与开发者核心触点包含了注册、客服、论坛、能力内容、文档等，基于此切入点进行了大量的用户研究与分析，探索发现在引导服务路径上有三个高价值的关键路径，分别是感知价值路径、探索能力路径、解决问题路径。一方面，在感知价值路径上，将服务前置贴近开发者已有的生态环境，如YouTube、GitHub、Stack overflow等社区；另一方面，在探索能力路径上为开发者提供明确的使用路径及起点，通过基于开发者的操作习惯将高频操作进行聚合，提升操作效率。学习阶段与开发者核心触点包含了开发者学堂、Code labs、在线实验、博客、论坛、个人中心等切入点。不同开发者对学习服务的诉求存在着很大的差异性，因此需要优先梳理学习服务用户画像及用户分层研究。通过与产品团队进行综合分析，识别出探索学习、专注学习、反思学习过程中服务设计接触点方向。在探索学习的同时，将学堂知识与开发者现有的社区进行融合，为开发者提供能够根据自己的思维模式来进行知识的传输；在专注学习时，为开发者提供体系化的学习路径和起点，聚合课程相关的论坛交流、Code labs、Demo示例代码、在线开发环境等；在反思学习过程中，激发开发者主动分享和考试认证以加深对知识的理解。据了解，全新的学习服务得到了用户的良好反馈并已在今年面向全球开发者上线开放。

（3）不断完善可持续服务评估体系，创新企业"使命愿景"。开发者体系的服务体验需要随着技术和时代的发展持续演进，成熟的生态体系都是经过了几年甚至数十年才能发展到开发者满意的水平，未来开发者服务的提升很大程度上将基于服务评估体系来驱动。如图4-26所示是结合华为UCD的指标定义方法确定的开发者服务评估体系UESLR模型。在该模型的指导下，华为正逐步提升引导服务及学习服务的体验水平，而基于评估体系的提升是一种自下而上的服务质量提升方式。

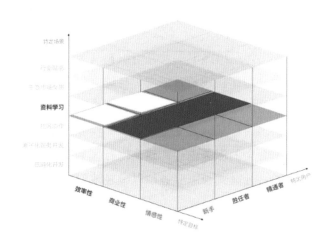

图4-26　服务评估体系

（4）构建差异化的服务体系的顶层架构，满足客户个性化的需求。开发者服务体系是一个非常庞大的系统，它不仅要考虑到不同的场景类型，也要关注到不同类型用户对于服务体验的差异化诉求，并根据不同目标使用需求选择合适的服务设计进行匹配，因此需要一套开发者服务体系架构进行顶层思考。服务架构图的X、Y、Z三轴分别代表了特定场景、特定用户、特定目标，而学习服务场景设计解决方案在该模型下进行的设计策略开展。开发者差异化的服务体系架构能够指导自上而下进行服务管理质量的提升。

（5）本案例的成效。华为创新的服务设计方案已经落实到开发者产品官网、解决方案、学院、Code labs、生态商城、资料文档、社区、活动等产品服务平台，服务于全球500万华为生态开发者。在《2017年brand最具价值全球品牌100强》中，华为位居49名。2020年，华为在《财富》杂志中排名第49位，销售额高达9000亿元。华为于2022年2月提名中国十大重器之一，其新型服务和技术研发已经帮助中国提高了国家的核心竞争力，并在国家发展和国防安全方面发挥着至关重要的作用。华为生态战略不仅有移动服务及鸿蒙，还有鲲鹏昇腾、MDC、华为云等几大生态，这些项目的服务设计目的不再是以获利为导向，其发展成果也可应用于华为全生态战略，促进华为生态伙伴的共同成长。

4.3.2.2　台湾的老年长照计划

长期照顾计划（简称"长照计划"）的建立和发展，是我国台湾地区应对老龄化社会问题的重要策略。台湾老年人口正急剧增加，预估至2025年，65岁以上人口比例将达到20.6%，迈入超高龄社会。与此同时，家庭的照顾功能逐渐式微，尤其伴随着步入老年而带来的慢性病及功能障碍，使家庭的压力不断提升。台湾地区的长照计划自20世纪80年代实施开始，逐步形成了以老年人为中心的多层次照顾体系。2007年提出"长期照顾十年计划"，也称为"长照1.0计划"。为满足未来庞大的长照需求并减轻沉重的家庭照顾责任，后续又出台"长照2.0计划"。

（1）以人道主义为出发点，更好地服务社会。2015年，世卫组织在《关于老龄化与健康的全球报告》中明确了"长期照护"的含义，即在较长时期内，持续为患有慢性疾病或是处于伤残状态下的人提供的照顾和护理服务。在此背景下，中国台湾推出长期照顾政策：发挥社区主义精神，实现在地老化、提供多目标社区式支持服务。其实施策略主要包括：发展以社区为基础的小规模、多功能、整合型的服务中心；建立以社区为基础的健康照顾团队。如图4-27所示，该模式强调居家式、社区式长照服务，以减轻政府的负担，也符合华人主流高龄者居住安排模式和孝道伦理。

图4-27　整合型服务

（2）发挥社区整体服务"使命愿景"的最大价值。如图4-28所示，社区整体照顾模式将服务据点分为社区整合型服务中心（A级）、复合型服务中心（B级）及巷弄长照站（C级）。其中，A级单位依区域指派照管专员上门评估并拟订照顾计划，协助服务使用者协调及连接长照资源，落实照顾计划，A级单位负责连接、协调与支援B、C级单位开展服务。B级单位为目前已在社区提供相关长期照顾服务的单位，除提供既有服务外，扩充功能优先复合提供相应服务。C级单位由长照服务提供单位设置，并鼓励社区基层单位投入办理，充实初级预防照顾服务，提供社区近便性的照顾服务。政策规定每一个乡镇/区至少要有一个A级单位、每一个中学学区至少要有一个B级单位、每三个村至少要有一个C级单位，且设置社区巡回车与随车照服员定时接送，串联A、B、C，提升社区服务网络功能，达成在地化、社区化的整合性照顾服务目标。

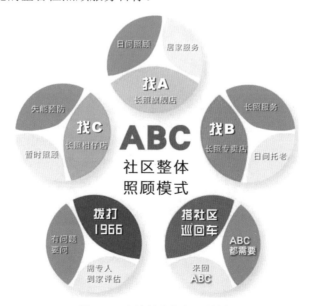

图4-28　台湾的老年长照计划

（3）全面完整的服务内容服务于以人为本的社会发展体系。服务对象除65岁以上老人，还包括50岁以上失智症者、55岁以上原住民及任何年龄的失能身心障碍者。服务项目不断扩充，不仅向前端衔接预防保健，降低与推迟失能，并向后端衔接安宁照护，让失能与失智者获得更完整、更有人性尊严的照顾。为提供给民众便利可及的长照服务，各地将强化"长期照护管理中心"，提供单一窗口，受理申请、需求评估以及协助家属拟订照顾计划等业务。开通"1966长照服务专线"，民众拨打专线后，长期照顾管理中心将会派照管专员到家评估，从而更好地服务到需要帮助的家庭。

（4）细致化的服务体验助力企业社会福祉愿景的发挥。其一，长照失能程度更细致化。以往仅把日常活动功能作为单一维度，近来又加入诸如工具性日常活动、情绪行为等多个维度，让各种类型的失能者能够成为被长期照顾的服务对象，并将长照失能等级分为2~8级，以更细致地反映不同失能程度的照顾需要。其二，以往的长照给付额度是以时数计算，而现在，长照服务以民众可获得的照顾组合服务作为计价单位，根据服务内容的困难程度，适当调整其收费标准，因此可鼓励长照服务单位提供更有效率的服务。

（5）本案例的成效。"长期照护2.0计划"实际上就是为失智、失能老人提供的一种连续性照顾。此计划结合了社会照顾、健康照护、预防保健资源，目的是希望建构优质、平价且具有普惠性特征的长照服务体系。服务人数从1.0时期的51.1万人，扩大到2.0时期的73.8万人。台湾的"长照计划"不以营利为首要目的，而是真真切切地关注老年人，让所有需要受长期照顾者都可获得具有人性尊严的服务，以逐步达成"老吾老，以及人之老"的美好社会愿景。

第5章 服务经济引领者

本章聚焦服务设计的社会价值。通过对服务经济、公共服务、政务创新、社会创新等知识点和案例的学习，洞悉服务设计与社会价值创造的内在联系，建立基于社会视角的全局观和领导力，具备带领团队通过服务设计思维解决社会问题的能力。本章内容适合企业决策者、公共服务机构管理者、公务员，以及服务设计领域科研人员学习。

5.1　引领服务经济发展

我国迈向服务经济时代已经是不争的事实。一是服务业规模持续扩大，对GDP贡献率明显提高。服务业对GDP的贡献率从1980年的19.2%上升到2018年的59.7%，服务业已成为我国国民经济的支柱产业。二是服务业就业增长显著，成为吸纳劳动就业的主渠道。1980年至2018年，我国服务业就业占全社会就业的比重从13.1%上升到46.3%。许多农村劳动力虽然被统计为农业劳动者，但是实际上他们在从事服务行业，例如乡村旅游、农家乐、农村电商等。三是服务业已经成为外商投资最为青睐的选择。2005年外商直接投资额中，服务业只占24.7%，2011年首次超过50%，2018年则攀升到68.1%。

中国迈入服务经济时代的主要驱动因素有五个方面：一是居民收入水平不断提高，中等收入群体迅速崛起改变了需求结构，文化精神等服务需求快速提升；二是制造业强国建设拉动了生产型服务业大发展；三是新型城镇化拓展了服务业发展广阔空间；四是农业现代化为服务业发展注入新动能；五是技术创新催生服务供给新内容。

5.1.1　服务共创作为转型新手段

随着体验经济的兴起和移动互联的普及，企业需要以一种更具开放性、合作性、创造性的方式与消费者合作共赢，将服务共创作为转型新手段，调整过去被动接受、缺乏体验、忽视服务对象的服务模式，向更有价值、更具智慧的服务模式转变，以调动消费者的参与性、主动性和协同性[17]。

如图5-1所示，传统上，企业在提供服务过程中，是以"创造者"的角色出现，侧重从"服务和产品效能"方面去设计服务，引导用户按照预先设定好的操作流程进行使用。本书的观点是：新时期，企业应当以"使能者"的角色出现，侧重从"激发大众生产力"方面去设计服务，通过创建必要的服务平台使得服务利益相关者能够根据他们的个人喜好和个性化需求做出自己的决策，实现自我发现。服务平台是指服务提供者和服务接受者共同创造的舞台，它既可能是服务接触的实际场所，包括场所的物理环境、设备以及所有相关的人员，也可能是虚拟的、可以连接位于不同时空的参与者的网络社区。在服务传递及服务接触的过程中，如果没有传递和接触行为的发生，那么服务的价值无法实现，也就更谈不上共同创造价值。

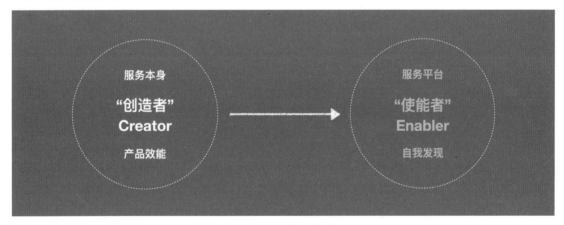

图5-1　服务共创作为转型新手段

5.1.1.1　苹果公司的应用商店

App Store是苹果公司于2008年推出的应用商店平台，如图5-2所示，用户可以在这个平台上浏览或者下载一些应用程序，应用程序分为收费和免费两种，其中包含游戏、日历、图库，以及许多实用应用。App Store 的参与者包括苹果公司、开发者、用户以及第三方支付公司，其中前三者作为主体，第三方支付公司仅作为收费渠道，不是主要参与者。该模式是公司或者个人通过注册开发者账号成为开发者之后，将自己开发的App上传至App Store，用户通过App Store获取应用进行下载并使用。App Store模式的开发与管理权是由苹果公司来主要掌控的。

图5-2　苹果公司的应用商店

（1）人人都可以成为开发者。想成为苹果App Store的开发者，仅需要在Developer App中注册并且通过身份验证，随后缴纳99美元的注册年费，没有资金或资质的限制。开发者在注册之后，App Store为开发者提供SDK工具箱和技术支持。任何参与者都可以加入开发者的行列，不管是个人还是大名鼎鼎的制作公司，苹果都一视同仁。平等的参与机会解除了开发者的后顾之忧，使注册参与者可以高效地投入产品开发中。而且苹果会为开发者支付一定的佣金，吸引了更多的个人或者企业成为开发者。苹果在2021年推出了"小企业计划"，为年收入低于100万美元的开发者消减了15%的费用，据统计，多达98%的App Store开发者属于这一类型，费用的削减会更加带动开发者的积极性。苹果打造了一个方便更多人参与App开发的软件销售平台，方便有更多的参与者成为App开发者，把自己的构想付诸实践。

（2）基于互动平台的自营销体系。App Store作为提供软件的服务平台，为开发者和用户之间搭建了交流互动渠道，平台的一端是开发者，一端是用户，如图5-3所示，用户可以通过排行榜和关键词搜索等方式方便地在平台上找到想要的应用程序，这些程序是基于平台24小时的真实下载数据而推荐的，用户在使用之后根据这款App是否能够解决自己的需求，若达到预期可对App进行评分和付费，而开发者基于平台所提供的用户的下载量、喜好和评价等信息，可对应用进行进一步的研究。苹果App Store的模式便于根据用户的个人喜好和个性化需求进行应用开发，在开发者与用户之间搭建互动平台，App应用开发者可以把更多的心思和精力放在开发优秀的应用上，而用户将获得更多的参与性、主动性，开发者和用户之间通过App Store来维系双方之间的合作关系。

（3）应用开发者享有定价的权利。App应用开发者有权决定他们开发的软件的价格。苹果经常会公开一些数据分析资料，帮助开发者了解用户近期的需求，并提出指导性建议，如指导开发者如何给应用程序定价。在App Store应用商店中，23%的App都是免费的。

图5-3　App Store页面

苹果并没有因为零收入而对免费应用歧视，相反，而是鼓励开发者在合适的时期让用户免费下载应用程序从而获得流量，达到一定下载量后再转变为收费下载从而得到更多利润，防止该App在上架初期无人问津这一尴尬局面的出现。苹果一方面通过关注用户的产品需求建议开发者对应用改进，另一方面通过鼓励改进应用为生产者获得更多效益，打造了一个服务提供者和服务接受者共建共享的软件应用平台。

（4）本案例的成效。App Store在2020年达到逾6430亿美元销售额，比2019年增长24%。自2011年以来，在美国和欧洲有超过75家业务与App Store息息相关的企业上市或被收购，估值接近5000亿美元。截至2018年，App Store用户数超过10亿人，上线的App数量超过220万款，覆盖了115个国家和地区。App Store巨大的效益离不开苹果对于服务平台方便而又高效的打造，第三方软件提供的参与帮助App Store实现了手机用户对于软件销售平台个性化服务需求的要求。苹果首席执行官蒂姆·库克在一份声明中提道："世界上没有比应用程序经济更具创新性、弹性或动态的市场了，我们在疫情期间所依赖的应用程序已经在很多方面改变了我们的生活。"App Store应用商店通过为用户和开发者构建互动平台，不仅为用户提供了各种便利，而且为开发者提供了更多的就业机会，打破了企业是"创造者"的模式，将创造的机会给予了用户与开发者。而苹果通过这种服务共创模式获得了用户的信赖与支持，用户黏度不断增加，并且创造了不菲的商业价值与市场好评度。

5.1.1.2　花田间乡村创客营地

本案例是2019年北京大学文化产业研究院副院长向勇教授、杭州向上集团董事长向方逊两兄弟在四川省宣汉县白马镇的公益实践。向勇教授回到四川大巴山深处的家乡，借着重修祖宅的机会，先后组织国内外文创学者、新锐艺术家以及青年学生在花田间营地开展系列活动，并发起大巴山花田艺穗节，用艺术唤醒沉睡的村落，如图5-4所示。通过活动唤醒当地人对自己生活的土地的再认知、再学习，鼓励当地人主动创业，凝聚当地人的内生力量，并吸引全球有志于乡村发展的有识之士，来到这里挖掘当地宝贵的文化资源，将向家院子建成具有公共功能的花田间国际乡村创客营地，促使乡村复兴，最终将乡村打造成为一个新型城镇化的样本村镇。

图5-4　花田间乡村创客营地

（1）开眼界，文艺带动村民参与。"青山、绿水、田野、村庄，是我们童年时代最快乐的人间乐园。故土原乡，构成了我们全部的乡愁记忆。"谈及儿时往事，花田间乡村创客营地发起人向勇教授流露出对童年的神往与怀念。如图5-5所示，向勇教授先后组织国内外文创学者、新锐艺术家以及青年学生在花田间营地开展一系列活动，并举办大巴山花田艺穗节。接连不断的活动已让村民们大开眼界：白马论坛国际乡村创客大会、国际大地艺术家驻村创作、大巴山地方创生花田影像展、花田喜市文创市集、向上惜物生活展……到了第二届艺穗节，又增设了美食市集，不少村民在这个新建的市集一秀"手艺"。

图5-5　多样的活动

（2）齐参与，文艺赋能乡村振兴。第二届大巴山花田艺穗节的活动环节包括白马论坛国际乡村创客大会、2020首届白马山森林音乐节、"温物·知新"花田营造历程回顾展、花田喜市文创市集、花白马田丰年祭飨宴等。百余位来自文化产业领域主管部门的负责同志、国内外知名学者、业界精英、艺术家和艺术爱好者齐聚白马毕城村花田间国际乡村创客营地。第二届大巴山花田艺穗节以"追忆·溯源·流传"为主题，开展各类艺术介入与创意营造的活动，通过文化创意的现代理念激活在地资源，实现文化遗产、文学艺术、文化传媒与文化创意的可持续开发，推动一二三产业的融合发展。如何与村民处理好关系，如何能让村民积极配合，是农村建设和农村在地文化发展的关键。村民们既淳朴也现实，热情好客的同时他们也希望向勇教授团队所做的事能够立马改变他们的生活。起初，听说志愿者要免费为他们做艺绘、墙绘和门绘之后，村民们并不愿意，"把门搞得花花绿绿不好看，更怕门烂掉"。后来志愿者先画了两扇门作为尝试，村民一看不禁赞叹："哇，这么漂亮，赶紧请志愿者再把另外两扇门也画上。"村民的思想意识在磨合中得到了转变，从被动参加到主动参与各种活动，创造了更多的文化产能。

（3）本案例的成效。花田间国际乡村创客营地包括乡村创客们的活动和展示空间、创作和休憩空间、研学和修习空间，通过精巧的空间布局和氛围营造，把传统乡贤的人文理想和现代创客的精益追求凝结成价值共享的花田使命。这种服务共创的方式，动员了社会力量投身乡村振兴，将传统的人文理想和现代知识分子的精神追求凝结成人人共享的乡建使命，成为新时代乡村文旅建设的范本。

5.1.2　数据服务成为应用新方向

中国科学院和工程院两院院士路甬祥提道：信息知识大数据已成为全球知识网络时代最重要的创新资源。随着数据量的爆发式增长，越来越多数据被加工成为各类有价值的产品，这是时代发展的趋势，也是社会的广泛需求。2020年中共中央国务院发布的《关于构建更加完善的要素市场化配置体制机制的意见》提出"加快培育数据要素市场"目标，以及从"推进政府数据开放共享""提升社会数据资源价值""加强数据资源整合和安全保护"三个方面培育数字经济新产业、新业态和新模式。在硬件和软件的互联互通将世界连接成为一体的过程中，数据成为线上和线下信息的载体和媒介。数字化系统是数据的加工场所，数据才是根本，数据加工为数据产品应当是数字经济的追求目标。

如图5-6所示，传统上，数据作为决策依据，数据加工侧重"还原和表达问题""发现和解决问题"，包括通过数据验证假设找出真相、预测未来可能发生以及定点解决已知问题。本书的观点是：新时期，数据作为生产原料，数据加工侧重"重新再定义问题"，数据被加工成各类人群在多样场景下都适用的普适性数据服务，推动社会进步[18]。

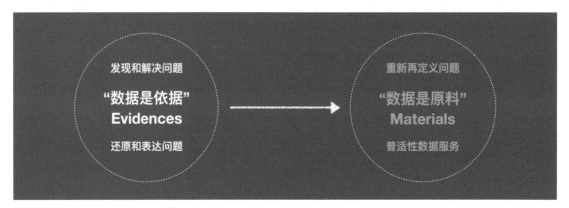

图5-6　数据服务成为应用新方向

5.1.2.1　北斗系统的数据服务

2020年7月，北斗三号全球卫星导航系统建成暨开通仪式在北京举行，中国北斗开启了高质量的卫星数据服务全球、造福人类的崭新篇章。北斗地基增强系统主要包括基准站、通信网络系统、国家数据综合处理系统、行业数据处理系统、数据播发系统、应用终端六个分系统，如图5-7所示。国家北斗数据综合处理中心具备支持北斗、GPS、GLONASS三大系统，大于120颗卫星，大于2200个基准站的数据存储和处理能力。作为北斗产业生态核心，初步具备基础资源管理、数据存储与挖掘、高精度服务产品生产、时空服务技术验证、北斗服务性能评估等基本能力。伴随着大数据、云计算和物联网等技术的发展，北斗系统的数据服务已经应用到国民经济和社会发展的各个领域。由于卫星数据可以被加工成各类人群在多样场景下都适用的普适性数据服务，所以北斗系统的数据服务呈现出显著的融合效益。

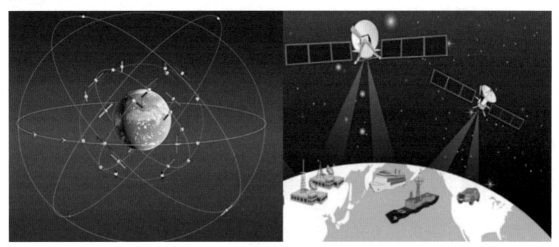

图5-7　北斗系统的数据服务

（1）通信息，强管控，减损失。北斗海洋渔业综合信息服务系统融合了多种技术手段，如图5-8所示，将收集的数据加工成数据服务，通过北斗短报文与手机短信的互联互通实现线上线下的信息交流，具有遇险报警、搜救协调通信、现场寻位、海上安全信息播放、常规公众业务通信等功能。北斗系统可以根据不同环节参与者的职能和权利，为其提供相关数据信息：系统可向远海渔业生产作业者和关联者提供船、岸间的多种数字报文互通服务；向渔业管理部门提供渔业管理、船舶位置监测、紧急救援信息服务；向渔业经营者提供渔业交易信息服务以及物流运输信息服务；向海洋渔业船只提供定位导航、航海通告、遇险求救、增值信息服务，例如天气、海浪、渔场、鱼汛、渔市等信息交流服务。目前，在我国东南沿海50海里以外的中远海船舶已全部安装了基于北斗的海上通信设备，为各渔业管理部门建立超过1300个船位监控系统，实现了海、天、地一体化的船舶集中监控管理体系。三年来，系统共救助渔船210余艘，旅游船3艘，外国渔船4艘，伤病人员30余人，渔民1500余人，挽回经济损失超过10亿元。

图5-8　海洋渔业综合信息服务系统

（2）强管理，降成本，提效率。基于北斗数据服务的电子商务云物流信息系统可以实现对物流过程、交易产品、运载车辆的全面管理，确保交易安全，降低物流成本，提高物流配送效率。京东集团在北斗基础上建立了电子商务物流信息系统，为1500辆物流车辆、20000名物流配送员安装、配备了基于北斗的电子商务智能车载和手持终端，提升了物流配送管理能力，极大地节约了人力、物力、财力，实现了基于北斗的物流智能位置服务功能。京东物流大件网络和中小件网络已实现中国大陆所有行政区县达到100%覆盖，建立了30多万个末端站点，物流服务人员超500万人。随着京东自主研发的配送无人车、配送无人机、配送机器人等逐步投入运营，将引领北斗在物流领域的创新应用。

（3）本案例的成效。由于卫星数据可以被加工成各类人群在多样场景下都适用的普适性数据服务，北斗系统正在融入生产生活的方方面面，广泛应用于我国大众消费、智慧城市、交通运输、公共安全、减灾救灾、农业渔业、精准机控、气象探测等众多领域，为消费者、利益相关者提供更准确、更高质量的服务。同时，北斗已经走出国门，在俄罗斯、巴基斯坦、泰国、缅甸、新加坡、印度尼西亚等国得到应用和推广。北斗系统开放式高精度定位数据生态的构建将进一步为全球提供服务，北斗将以更丰富的功能、更优异的性能，以及更新、更广、更高量级的场景，为全球经济和社会发展注入活力，为未来注入无限可能。

5.1.2.2 阿里的品牌数据银行

2017年阿里推出了品牌数据银行，将品牌消费者数据视为资产，像货币一样进行储蓄和增值，如图5-9所示。在数据银行中，宝洁等品牌商可以把自有数据、电商数据、广告数据、媒体数据以及阿里生态里社交属性数据进行综合分析，进而打通数据孤岛，实时融合成自身品牌的消费者数据资产。数据银行主要收集融合的品牌消费者数据进行分析，从而对品牌人群进行分类，通过人群精细化运营及定向投放广告，帮助消费者找到合适的产品，帮助品牌方找到目标客户、目标人群，使得对每个消费者的触达都是"量身定做"，让消费者的数据资产变得可评估、可优化、可运营，大大提升品牌触达效率。所有数据都将回流到品牌数据银行，用于反映每个真实消费者在阿里生态与品牌的每一次互动。

图5-9 阿里的品牌数据银行

（1）**数据银行实现消费者行为可视化**。从根本上来说，品牌数据银行是一个将数字营销效果数据和用户数据相结合的数据应用系统，能够将AIPL（认知、兴趣、购买、忠诚）的消费者行为进行全方位的可视化。重点是在营销方面，特别是品牌商在营销策略和产品定向投放上进行帮助。其数据主要分为两类：一是营销效果数据，例如兴趣程度、购物情况等；二是受众数据，例如用户画像、购物路径等。数据银行的价值也分为两类：一是制定策略，主要根据用户的市场行为特征，以及对不同群体进行分类，从而制定相应的市场营销策略；二是为定向人群提供可供输出的数据。

（2）**数据银行实现广告效果追踪**。品牌数据银行的作用主要体现在衡量、策略与投放应用三个主要领域。首先，品牌数据银行给了广告主一个全新的视角来增加多个此前从来没有过的、用于衡量营销效果的维度。数据银行不仅提供了常见的广告投放的基础指标"认知"，还有另外三类指标：兴趣、购买和忠诚。即使是"认知"，也跟我们一般意义上讲的广告的展现量（impression）不一样，它包含了普遍意义上的广告的展现和点击，也包含了受众进入品牌店铺或者在淘宝上进行品牌词搜索等行为的相关数据。而兴趣、购买和忠诚，则基本上是由淘宝的用户购物相关行为所定义的。也就是说，品牌数据银行，实际上就是把前端广告推广和推广之后用户在淘宝所产生的互动联系在一起,不但可以帮助广告主查看广告投放本身产生了多少曝光和"认知",还能在这些曝光之后,发现受众在淘宝上的行为有没有发生变化。阿里利用品牌数据银行,将前端的广告和后端的购物行为关联起来,构建起一个能够结合"品牌推广"和"转化效果"联动的监测机制,从而实现品牌广告投放真正的效果追踪。

(3)数据划分受众人群进行定向投放。首先,基于人群特征制定营销策略。品牌数据银行能够把受众用户进行细分,并且基于不同的人群,给出这些人的画像。例如在认知—兴趣—购买—忠诚中处于不同阶段的人群的相互对比,或者对不同行为的人群进行对比,如图5-10所示。除用户画像外,阿里数据银行还能对营销阶段进行转化分析。其次,对特征人群进行定向投放。数据银行提供了支持非常多条件的人群选择规则,从而可以从更细致的维度选择不同的人群。然后,通过所选定的具有某些共性特征的人群分类,对投放的广告资源进行对接,从而实现更大范围的人群扩展。

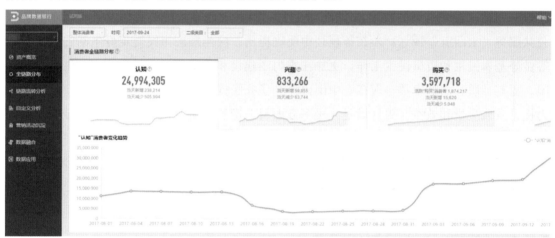

图5-10 数据划分定向投放

(4)本案例的成效。品牌数据银行作为阿里推出的消费者资产平台,真正把数据能力开放出来,并且通过平台化、产品化的方式赋能品牌,助力品牌进行精细化分层运营,将数据资产化,激发商业数据能量的释放。阿里品牌数据银行支持基本属性、行业特征及自定义多层次人群标签洞察,人群预测高价值及人群挖掘,跨渠道组合营销持续催化消费者与品牌关系。以数据银行助力某母婴品牌客户运营为例,某母婴品牌希望能够对目标人群进行细分,根据孕产阶段、目标人群购买力、单次消费金额、奶粉消费频次等维度,推广特定的细分促销方案、营销创意等。品牌数据银行通过盘点品牌消费者人群资产,洞察兴趣人群中的孕产阶段、宝宝年龄的分布、在奶粉上的年消费金额和频次,筛选出90天内的兴趣人群,根据宝宝年龄分层,推送广告。结果是该母婴品牌在"双十一"期间销售量提升80%,点击率高于全网3%,平均点击率提升58%,加购率提升6.5%,充分显示了科学开发数据的巨大商业价值。

5.2 驱动公共政务创新

公共政务创新是指政府等公共部门通过政策、条例、法律等手段提高社会公共事务的管理绩效和服务质量。公共政务服务质量的受重视与否与一个社会的文明建设程度紧密相关。公共政务具有公益性、普惠性、均等性等特征，但是由于公共政务本身涉及政务组织系统内外的各种人群，这就导致各方之间的利益复杂交织。随着民众对公共服务预期值的升高，各国政府部门都在努力结合本国国情出台相应法规，例如，英国政府分别于1991年和1994年，颁布了《公民宪章》和《新公民宪章》，公开可期待服务水平，以改进公共服务质量。但是，根据牛津经济研究院2012年对美国、英国、新加坡等10个国家的抽样调查，到2025年公共服务需求与政府满足能力之间的差距仍然在逐渐加大。

目前，我国基础公共服务仍然存在着一系列短板，新时期社会主要矛盾已经转化为人民日益增长的美好生活需要和不平衡不充分的发展之间的矛盾，基本公共服务工作也应适应这一变化，提升供给的质量与水平。2021年5月，上海市人民政府印发了《上海市基本公共服务"十四五"规划》，在该规划中明确提出：应当顺应市民对美好生活的期待，统筹做好基本民生和质量民生工作，更加注重内涵建设和市民感受，努力使市民生活更有保障、更有品质、更加幸福。现在，中国已经到了扎实推动共同富裕的历史阶段，正在"着力提升发展质量和效益，更好满足人民多方面日益增长的需要，更好促进人的全面发展、全体人民共同富裕"。国家正在加大普惠性人力资本投入，完善养老和医疗保障体系，逐步缩小国有企业与民营企业、城市与农村的筹资和保障待遇差距，加快缩小社会救助的城乡标准差异，逐步提高城乡最低生活保障水平，兜住基本生活底线。

5.2.1 兼顾经济效益与社会意义

公共事务管理决策者的价值导向是影响服务质量的核心因素。如果公共政务服务的价值导向是提升经济效益，那么通过快速满足老百姓的当前需要，以及改善人们使用公共产品或服务本身的舒适性、流畅性、愉悦感来提升公共服务质量，力求提高服务效率，追求投入产出比或者性价比，表现出来的往往是功利主义和实用主义。如果公共政务服务的价值导向是生活幸福，那么通过普通大众和政府公共部门双方的自我创造，把公共产品或服务的具体任务和事件置于老百姓生活和工作的大背景中，在公共服务硬件方面，需要关心公共器材的绿色环保和可持续，践行人类命运共同体的理念；在公共服务软件方面，需要关心服务过程对人们身心的影响，关心老百姓在过程中能够感受到被尊重，践行社会主义核心价值观。

如图5-11所示，传统上，公共政务决策者出于满足当下政绩的需要，优先关注经济效益，例如，采用项目工程方式力求快速达成目标，让老百姓尽早用上设施，体现出主政一方的业绩。本书的观点是：新时期，公共政务决策者应当以老百姓的生活幸福为中心，以可持续发展的理念去构建绿色生态的公共服务。

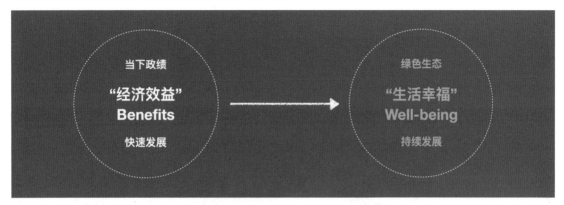

图5-11　兼顾经济效益与社会意义

5.2.1.1　北京地下室空间改造

本案例摘自中央美术学院设计学院周子书先生对北京一个地下空间的改造故事。在城市资源分布不均的状况下，大量的外来人口进入城市，房租低廉、潮湿黑暗的地下室成了许多低收入人群的容身地。周子书通过改造地下空间，为地上和地下居民打造了一个创造技能及居民交流的平台，并取了一个好记的名字——"地瓜社区"，用来帮助地下室居住者拓展职业发展的可能性，从而最终能够搬离地下室。

（1）走进群众了解职业发展需求。地下室的环境相当恶劣，走进地下室能看到一条长长的通道，主走廊的光线非常昏暗，分支走廊也晾满了各种各样的衣服。地下室住的40个人共用两个厕所和刷卡收费的淋浴间。为了了解地下室的人群情况，周子书先生就开始在地下室扫地，希望通过扫地去观察地下室的一些细小的变化，例如可以通过观察门口放的鞋子，得知每3～5平方米的房间内一般都会居住1～2个人。逐渐地，周子书先生获得了整个地下室居民的信任，他们开始主动邀请周子书先生去参加他们的聚会。周子书先生还帮他们拍全家福，有一家人，也有情侣。周子书先生每天晚上都要到那里陪他们聊天，了解到其实他们是一个个有梦想的人，不是媒体口中所描述的"鼠族"。他们很多人来到城市就是为了获得好的职业发展，但恰恰是由于他们的社会资本比较少，因此很难获得大量的机会。在需求这件事上，"漂亮或实用的空间"都不是核心的需求，最重要的需求应当是"如何帮助这里的人拓宽职业发展道路"。

（2）公共空间内实现共享。整个地瓜社区面积有500平方米，被分为32个房间，每个房间都有不同的功能。如图5-12所示，改造后的空间一部分用来作为工作室出租，一部分用来给北漂年轻居民临时居住，而中间黑色的部分，就是用来进行技能交流的实习教室和自习教室，同时留出一个足够的空间给地上社区的居民做公共空间。这种改造的本质是在思考一个公共的社区空间如何更好地实现共享，这是一个核心的理念，因为不管是对于公益还是商业来说，相对于生硬的经济硬件上的投入，自治的模式永远是最长久和最具活力的，当地下室的居住人群利用公共空间作为平台进行互相之间的信息分享和技能交流的时候，这种服务模式的价值就体现出来了。空间改造完成后，周子书先生尝试策划了一次技能交流：一位是软件工程师小周，他有心理学的背景，想把理疗和心理治疗结合到一起；另一位是足疗师小赵，他有计算机知识背景，很想学软件工程。两个人就在地下室空间中开始了技能交流，总体效果不错。

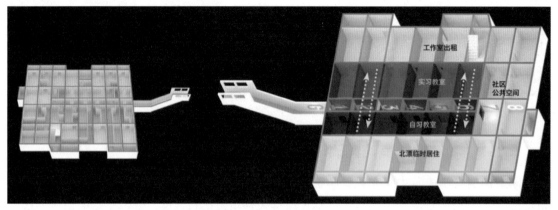

图5-12　北京地下室空间改造

（3）地下居住者获得了美妙的视觉和功能体验。原本的地下室是由许多独立的小屋子分隔开来，很容易让人迷失方向，周子书先生将这间地下室改造成了一个"摩天楼"，把它变成一个很好的导视系统。如图5-13所示，首先，地下室的门被刷成了和整个楼外立面相同的颜色，让这个门看起来就好像是通往地下室的主要通道。主通道用阿拉伯数字做标识。晚上回来的时候看到的是温暖的黄色，而早晨出门上班的时候，看到的是一片充满希望的蓝色。周子书先生不仅设计出了一个漂亮的工作室，吸引了更多的年轻人，而且还制作了一个木头的小房子，把它的每一片展开就可以变成一些家具，同时还邀请别人来做工作坊，测试更多人对这个空间的体验，甚至还做了一个地下电影院。地下室的通风系统经过了特殊设计，看起来就像是地下悬浮的一个小雕塑。

图5-13　地下室的特殊设计

（4）本案例的成效。地下室居民之所以选择住在这里，在乎的都不是当下的生活品质，而是藏在大都市里的一万种改变命运的可能。周子书先生的设计理念核心是通过改造闲置的空间，去吸引更多人来到这个空间，来创造更多的公共产品，再用低廉的价格服务于更多的公众。地下室空间改造不只是一个传统意义的公益项目，实际上，它是要依靠一种社会企业的运作模式来实现自己的可持续发展，在地下室的公共空间中每个参与者的时间和个人价值是被共享的，人的价值得到了挖掘。据了解，原本居住在北京这个地下室的"北漂们"因为相关政策的推行已经搬走了。但是不管怎样，作为公共服务的原型，这个案例通过筹划公共空间、规则，重新定义生活的模式，成功地为地下室居民的生活幸福提供了一个具备可操作性的样本。

5.2.1.2　海绵城市之西咸新区

本案例摘自西咸新区按海绵城市理念规划开发的实践。海绵城市是一种以雨水综合管控为出发点的城市建设模式，是统筹解决水资源、水环境、水安全等水系统问题的重要措施和手段，其核心的技术内容是低影响开发，强调对城市原有生态系统的维持和修复，使城市在适应环境变化和应对自然灾害等方面具有良好的弹性。海绵城市即城市如同海绵一般，在发生降水时，能够及时下渗、吸水、蓄水并对水进行净化，而在需要时又可以从"海绵"中释放出水，加以利用，如图5-14所示。在以往的城市建设中，地下水管理规划理念落后和雨水利用意识淡薄，造成水生态、水安全和水资源短缺等问题频发。如何更加智慧化、生态化地规划城市建设，为城市居民创造更加幸福的生活环境已经成为公共服务建设的当务之急。

图5-14　海绵城市之西咸新区

（1）基于生态保护的低影响开发理念。西咸新区位于陕西省西安市和咸阳市建成区之间，属温带大陆性季风型半干旱、半湿润气候区。夏季炎热多雨，冬季寒冷干燥。四季分明。西咸新区夏季降水多且以暴雨形式出现，易造成洪涝和水土流失等自然灾害。2012年以来，西咸新区按照低影响开发理念开展海绵城市建设实践。以生态优先为原则，以自然的承载力、以"山水林田湖草是一个生命共同体"为城市发展的基础，着重发展"渗、滞、蓄、净、用、排"六类低影响开发设施中的"蓄"和"用"，提高雨水资源利用率，缓解水资源紧缺的现状，不断提升城市的宜居度和承载力。下雨时，道路上的雨水通过这些导流孔进入生态草沟，而草沟上的植物，如狼尾草、蒲苇、细叶芒、石竹等灌木花草都是耐水又耐旱的品种，可以起到拦污净化、过滤吸附的作用。在生态草沟下，自上而下分为蓄水层、种植土层、粗砂填料层、砾石层，通过分层渗透、滞蓄等处理，同时补充涵养地下水；遭遇强降雨时，草沟无法吸收的水会通过高于生态草沟的溢流井排入市政管网，从而极大地降低了城市内涝的可能性。

（2）突破传统西咸新区的可持续城市设计。传统地下排水管网被绿廊、植草沟、蓄水花园、下凹式绿地所取代。如图5-15所示，根据市政道路的特点，研究出了双侧收集滞渗、单侧收集存储、分段收集净化三种道路的收水方式，并结合道路断面，采用不同防水结构，既能确保路面结构的安全，又能有效地收集雨水。城市次干路车行道创新使用全透式环保沥青路面技术，透水降噪能力明显提升。园区道路、公园步道则采用建筑垃圾做成的透水砖铺设，其透水性强，确保"中雨不积水，小雨不湿鞋"。中心绿廊是打造四级雨水收集系统的核心单元，它既是海绵城市建设的绿色基础设施，也是生态廊道和城市通风带，同时具有生物迁徙、公共休闲、雨水调蓄和城市景观等多重功能。楼顶上各种绿植长势旺盛，花卉五彩缤纷。"屋顶花园"亦是新城海绵城市建设的一大亮点，它不只实现对雨水的截留、缓冲和净化，还能减少园林绿化所造成的土地资源的负担，实现资源利用最大化和生态效益最优化，增加城市绿地面积和空气湿润度，又给园区工作的人提供休闲放松好去处。海绵城市真正做到了为提升居民生活幸福感而建设，在"自然"二字上下功夫，坚持人、社会与自然和谐发展，找到了一条更加遵循自然规律的科学途径。

图5-15　生态可持续发展

（3）本案例的成效。在全球气候变化及国家生态文明建设的背景下，海绵城市由于具有良好的吸水、持水、释水的水利特性，逐步成为国家统筹解决水资源、水安全、水环境等水系统问题的重要措施和手段。海绵城市建设注重对天然水系的保护利用，大大减少了建设排水管道和钢筋混凝土水池的工程量。调蓄设施又往往与城市既有的绿地、园林、景观水体相结合，"净增成本"比较低，还能大幅减少水环境污染治理费用，降低城市内涝造成的巨额损失。西咸新区立足于人民的福祉，以可持续发展的理念去构建绿色生态公共服务，采用了自然的、低成本的方法，让路能"喝水"，让城市会"呼吸"，让雨水得到充分的利用，让屋顶"长出"花园，让生物自在生长，让生态更美更优，让人类尽享自然，让自然永续发展。西咸新区探索在西北湿陷性黄土地区低影响开发雨水系统的建设方式和技术优化，为低影响开发在我国西北地区的推广发挥着示范作用。目前，海绵城市已经逐步开始在部分城市进行试点建设，并取得了一定的成效，未来的海绵城市的发展趋势将主要体现在城市更加智慧化、智能化，规划更加合理化。海绵城市建设是城市规划建设理念的一次重要革命，也是实现绿色发展、永续发展的战略选择。

5.2.2 创新建构公共服务的原型

创新建构公共服务的原型是指通过特定范围内的小规模创新实践，探索医疗、养老、教育等相关领域的公共服务样板。该样板原型可以为公共事务的管理和政策制定者提供参考和推广。公平、连接和赋能是公共服务创新的三大准则，目标是满足老百姓对公平性、社交性、灵活性、私密性、品质感和归属感的核心诉求。公共服务决策者应当从服务运营、空间环境、后勤管理、优势储备、基础设施到人力资源等多个方面去建构公共服务。

如图5-16所示，传统上，人们认为提升公共服务质量是对公共空间中的软硬件进行升级，追求安全舒适的周边环境，例如利用物联网技术来让路灯更加智能。本书的观点是：新时期，人们应当将公共服务的承载空间看作创造身心愉悦生活的场所。该关注点的转变跳出软硬件设备优化的局限，更多聚焦于人与人之间的连接方式上。一旦思考视角发生变化，服务定位也会随之发生质的转变。例如，如果图书馆不再是单调的读书空间，而是有温度的民众娱乐空间，那么就创造了联合共创的更多可能。如果美术馆不再是传统的艺术品展览空间，而是市民的活动社区，那么艺术品内容和展览方式会发生变化。

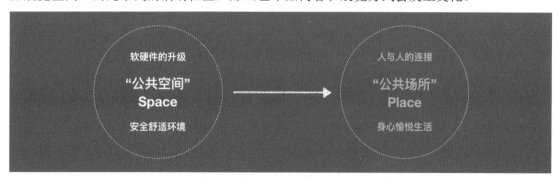

图5-16 创新建构公共服务的原型

5.2.2.1 芬兰中央图书馆服务

芬兰是世界上公认的"最有文化的国家"，这是因为它拥有730座图书馆，每年的图书借阅量达到惊人的6800万册。赫尔辛基Oodi中央图书馆自2018年开放以来，以其先进的理念和包容的心态，获得了巨大的知名度，如图5-17所示。Oodi中央图书馆坐落于芬兰议会大楼对面，旨在容纳最新科技和先进理念，除了借阅图书之外，还提供了多种创新服务方式。体验经济和共享经济时代的到来为公共图书馆服务模式的转型与发展带来了可能性。公共图书馆服务模式从最初的以图书资源为中心，发展到以用户参与为中心，到最新的以体验为中心。用户对公共图书馆的服务需求从单纯的物理空间和借阅服务，拓展到依托互联网的物理空间与虚拟服务的有机结合。芬兰中央图书馆服务模式的核心诉求是以体验为本构建多维信息和知识共享生活方式平台，目的是为民众提供可以获得身心愉悦的公共交流互动场所。

图5-17　芬兰中央图书馆服务

（1）开放给更多的人进入图书馆。一个城市最深的底蕴和灵魂，就看它怎么对待自己最有价值的那块土地。大多数城市，都把金融大厦建立在最有价值的土地上；有的则迫不及待开发房地产，把寸土之地卖出天价。但芬兰的首都赫尔辛基却独树一帜，在市中心17000平方米的土地上，花费了整整十年，耗资9800万欧元，建了一座Oodi图书馆，Oodi的意思是颂歌。这座图书馆对任何人都免费开放，无论是普通市民，还是无家可归的流浪汉，Oodi都一视同仁敞开怀抱，给予所有民众进入场所的公平性。

（2）满足的不仅仅是读书需求。也许你很难想象，作为世界上最贵的图书馆之一，Oodi图书馆藏书仅为10万册左右，但是除了书籍，图书馆另提供十万件可借用物件，图书馆不仅能借书，大到平板电脑、照相机，小到网球、一根别针，都能免费借到，这正是图书馆的最特别之处。Oodi图书馆就像是家中的大客厅，在这儿，你能带孩子、看电影、听音乐，还能做衣服、玩3D打印、激光雕刻，甚至医学学生可以将其用作虚拟手术室在这学习手术。除了图书馆现实存在的物件，还可以利用虚拟现实技术，在房间内变出任何东西。毫不夸张地说，你想要的，几乎在这都能实现。在这里能够轻松地找到自己需要的东西，图书馆创造了除看书之外更多活动的可能性。

（3）打造实现民众意见的自由空间。Oodi图书馆自建立之初怀揣的理念便是为市民和游客提供一个自由空间。ALA建筑事务所赢得招标设计比赛后，干的第一件事并非抓紧破土动工，而是一遍又一遍倾听市民的心声。花了5年时间，听取上万民众的意见，图书馆才终于有了雏形。带孩子、练瑜伽、喝咖啡、看电影……五花八门、天马行空的想法，设计师没有拒绝，反而将其一一实现。传统的图书馆早已不能满足大家的需要，人们想要的是一个聚会的场所，一个自由的空间，除阅读外，还可以做任何他们想做的事情。就这样，人们天马行空的想法加上设计师的匠心独运，一座神奇的图书馆横空出世。Oodi中央图书馆可谓是创新公共服务承载空间的代表。

（4）民主平等观念通过建造体现。从外部来看，这座图书馆像一艘巨大的船，框架是由玻璃、钢铁等材料制成，表面覆以大面积的芬兰云杉。内部的建筑分三层，每一层都有各自不同的功能。如图5-18所示，第一层是给居民聚会和沟通的场所，同时配有电影院、展厅和咖啡厅。第二层为工作和开展各项爱好活动的场所。人们可以尽情地做自己喜欢的事情，小孩子在这里玩耍，大人可以录制歌曲、跳舞、弹琴，使用激光切割设计并制作一件衣服。来到第三层，眼前一亮，这里既是传统的图书馆，也是亲子活动空间。之所以不将孩子和安静的读书区域隔离开来，原因在于设计师认为"儿童的噪声是积极的噪声，这让人们听到了未来"。透过三层透明澄净的玻璃，可以看见对面就是国家议会大厦，每个人都可以与议员相对而望，平起平坐，这是芬兰民主、平等、自由、开放的核心价值观。而仔细观察连接一层至三层的螺旋楼梯，会发现错落有致的字母，这些字母正是人们最初对这座图书馆想象的关键词，400多组字母静静地告诉人们：这座图书馆为每一个人建造。而图书馆门前的广场，以一位为芬兰图书馆工作45年的老人命名，这既是对老人的尊重，也是对知识的尊重。

图5-18　多功能场所

（5）本案例的成效。图书馆已经接待630万访客，要知道芬兰整个国家的人口不过区区550万。作为公共服务场所，该图书馆的服务很好地兼顾了经济效益和社会意义，体现了以老百姓的生活幸福为中心，以可持续发展的理念去构建绿色生态的公共服务。图书馆不再只是提供图书借阅服务，而是成为城市居民互动、休闲的平台。在公平的基础之上，它创造了人与人之间的更多连接，人们在这里能够做更多的活动，这些都改变了人们对图书馆的认知预期。因为众多图书馆便于民众随时学习，芬兰成为全球第一个摆脱学科教育的国家，终身学习的理念流淌在每一个人心中。

5.2.2.2　桥上的吉首美术馆

本案例摘自建筑师张永和先生在湘西吉首市设计一座美术馆的故事，讲述如何修建一个能找到艺术的城市公共空间。吉首美术馆是位于吉首市万溶江上的一座世界上独一无二的"桥"美术馆，由著名艺术家黄永玉先生捐赠，两桥重叠，桥馆合一，如图5-19所示。吉首市里有座上千年历史的乾州古城，万溶江从古城中流过。桥与乾州古城居民的生活息息相关，除了跨越河流或山谷外，它们也是供旅人休憩、商贩摆摊售卖的公共空间。作为对这一古老建筑类型的功能利用与开发，吉首市地方政府将市内一个新的文化建筑选址定在一座桥上。2019年4月，建筑面积达3600平方米的美术馆落成了，它的样子有点像吊桥，上面是混凝土桥，下面是钢桥，人们可以从任意一侧河岸进入美术馆。

图5-19　桥上的吉首美术馆

（1）艺术的城市空间要贴近人们的生活。张永和先生到吉首市看了两块当地政府建议的美术馆建设用地，认为两块地都很大很好，但是都处于郊区，远离市民的生活，这么一个文化设施应该在城里。"我们想要的不是艺术殿堂，其实就是一个能找到艺术的城市公共空间"，张永和先生抱着这样的想法，在吉首乾州的古城中闲逛了起来。他看到万溶江正从古城中间穿过，城里有风雨桥，桥顶盖瓦，桥上有栏杆、长凳，老人、小孩常在上面歇脚，还有不少小贩在上面摆摊。"我想就干脆再盖个桥，这样的话其实咱们就把美术馆盖到城市居民的门口"，张永和先生认为美术馆不应该从区位上脱离受众，他希望桥能够成为具有生活气息的街道的一部分，于是两岸的桥头部分与万溶江畔的排屋紧密相连。这些排屋包含了店铺、餐馆、小旅馆，楼上通常便是屋主的居所。因此，吉首美术馆位于江两岸的入口都可以被视作混合功能街道界面的一部分，从而融入当地人的日常生活。

（2）区域按服务功能进行建筑设计。如图5-20所示，张永和先生建了两个桥摞在一起：下面是一座钢桥，古城的居民、游客都可以步行走过，摆摊，乘凉，钓鱼；上面是一个混凝土拱桥，有屋顶、有墙，里面是挂画、放雕塑的展厅。它看上去既老又不老，既新又不新，让这个建筑跟周围的关系，有了特别融合在一起的效果。桥的跨度大约60米，下面钢桁架的步行桥通行长度也是60米。从视觉上看，向上翻折的屋顶围合起来抱住上面的混凝土桥，形成了一个大展厅空间。上下两座桥，叠合出三个主要空间：底下的步行桥，围合出的大展厅，和最上面混凝土拱桥承载的细长展厅，面积加在一起大约3600平方米。步行桥的桥面大约400多平方米。钢桁架用的是耐候钢，看上去红里面透点黄。桥架设的位置，是根据50年前万溶江的防洪警告线标准来设置的。如果遇上洪水通过，桁架桥两侧的腹杆还有切断大水中大树枝的作用，以阻止河流的淤积。桥面的台阶上，未来还要再安置些板凳。张永和先生说："最希望看到的是，以后小贩们可以来这里摆摊卖东西，夏天居民们吃完晚饭，溜达溜达来这座桥上乘乘凉，买根冰棍吃。"

图5-20　基于服务功能的建筑设计

（3）本案例的成效。建筑不应该是一架仅供摆设的空壳子，而应该成为推动当地生活的孵化器，吉首美术馆便很好地做到了这一点。吉首美术馆承担起交通廊桥、商业贩卖、文化传播、艺术展览等多种功能，不仅能够让人们在生活中与艺术邂逅，也让人们与更多的人产生连接，这对当地文化生活产生积极的影响。当人们穿过老城的街巷、在河道旁遛弯和嬉戏，这座美术馆的身影会映入眼帘。无论是乘船在江面上穿越桥馆的底部，还是停留在它的人行桥平台上驻足观看，人们都能或多或少感觉到它与传统桥在空间形态上的关联。美术馆一方面强调了建筑的文化意象，另一方面创造了符合当地人使用需求的空间，接近了它所服务的对象。

5.3 倡导社会和谐创新

社会和谐创新是指通过创新的方法来解决现有社会问题。创新的方式不仅需要关注于服务弱势群体，更需要转向服务普通民众，不论是老人，还是移民，或者是上班族。只要人们参与到解决日常问题的过程中，并且最终提出了不同往常的解决方案，就是在进行社会创新。社会和谐创新的过程需要具备社会责任，其内容包括可持续发展、循环经济、反犯罪、公共和社会创新以及健康与幸福感等。社会和谐创新关键在对各种资源的重新组合，对人与人、人与社会之间的关系重新构建。其立足点已经跳出了具体专业能力和个性范畴，而是上升到了人与人、人与社会关系的思考，参与者都能够感受到能量的流动和来自设计者的友善和人文关怀。

在人民对生活水平有更高要求的现代社会，环境污染、贫富差距等问题日益显著。与人相关的问题都没有唯一解，或者没有对与错，只有适合与不合适，所以问题必然需要立足于新的视野来解决。社会和谐创新是设计一种可以不断根据社会各层面的需求去进行调节的生态机制，其中最具价值的是"共享、共创"精神。好的创意是优秀的，当好的创意能成为被共享的善念真正流动，它也是伟大的。

社会和谐创新以满足社会需求为目标，用创造性行动和服务解决某个特定的社会或环境问题，在结果和方法中都含有社会效应的创新。解决办法比现有的更有效、效益更高、更加可持续或更加公正，同时它所创造的价值为整个社会带来利益而非仅仅对某些个人有利。

5.3.1 开发新兴社会需求的服务

新兴社会需求的服务是指伴随着信息技术的发展和消费结构的升级的新兴行业，用现代化的新技术、新业态和新的服务方式向社会提供高价值、满足社会高层次和多元化需求的服务业。新兴服务业是现代经济发展的先导，已是社会运转的主要载体，其发达程度普遍被看作衡量一个国家或地区经济结构是否合理、产业结构是否协调和城市现代化程度高低的重要标志之一。机遇与挑战并存，未来我国经济建设将进入新的发展时期。抓住全球经济转型和我国加速发展现代服务业的重要机遇期，顺应现代服务业发展潮流，加快现代服务业科技发展，是新时期落实科学发展观，实现经济增长方式的转变，建设社会主义和谐社会和创新型国家的客观要求和必然选择。

如图5-21所示，传统意义上的社会需求关注点在个人层面，侧重产品的用户体验和对个体消费意愿产生影响的流行趋势上。本书的观点是：新时期的社会需求开发，要从社会层面去思考消费者的全新生活方式诉求，要有意识地构建和宣导与新时代社会需求相匹配的文化环境和价值取向。这样做的目的是：发现现有公共或私营服务尚未关注到的新兴社会需求。

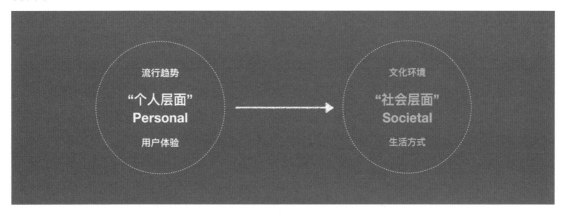

图5-21 开发新兴社会需求的服务

5.3.1.1 孟加拉的格莱珉银行

本案例摘自格莱珉银行如何为穷人服务的故事。1970年，穆罕曼德·尤努斯在孟加拉创办了乡村银行——格莱珉银行。如图5-22所示为格莱珉银行模式简要示意图，格莱珉银行的贷款对象大多是贫困人口，甚至包括乞丐，同时不需要借款人提供抵押，帮助以自雇式创业为主的穷人度过暂时困难，增强贫困人口的自立能力和信心。格莱珉银行将"低收入—低储蓄—低投资—低收入"的恶性循环，转变为"低收入—贷款—投资—更多收入—更多储蓄—更多投资—更多收入"的良性循环。

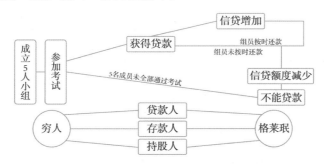

图5-22 孟加拉的格莱珉银行模式简要示意图

（1）为穷人定制金融产品和服务并引导客户积极还款。格莱珉银行的主要贷款产品是"基本贷款"，借款客户一开始借贷就以"基本贷款"为起点，根据客户的贷款能力和生产经营状况，发放的贷款额度也各不相同，贷款的年利率为20%，每周分期归还本息。如果客户的生产和运营都是正常的，那么就可以轻松地拿到更高的额度。当客户陷入困境，不能按时支付时该如何处理？格莱珉银行制定了一项"灵活贷款"措施，客户如不能在6个月内按时还款，银行就会与其签订新合同，重新安排还款计划。客户可以根据自己的实际情况制订还款计划，选择更小的额度和更长的期限。为了帮助那些极端贫困的人口，银行首创了"乞丐贷款"产品，贷款的额度平均为500塔卡至1000塔卡，免息，由借款人自己选择如何分期还款。银行将这些借款人视为"乞丐会员"。他们无须加入团体，也不必储蓄。这部分人可以在13周之后再借款，而普通会员要等到26周才能再借款。在格莱珉银行的支持下，有些乞丐会员转变为上门推销小商品的人，有的加入了一个群体变成了一个普通借款人。截至2016年年底，有贷款余额的"乞丐会员"达77 582名，贷款额度也攀升到262万美元。在风险控制方面，以"小组+中心"模式，培养人与人之间的信任和团结，让客户拥有集体的荣誉感，从而从客户内心激发还款的意愿和能力，使得贷款成为改善客户生活的初始动力，通过自立、团结、互助，以精神和团队的力量引导客户积极还款。

（2）提供多样化金融产品和服务保障用户生活。一是提供储蓄服务。在向会员发放贷款后，银行扣除每笔贷款额的5%存入会员的个人账户，将半数存入可供支取的账户，其余的将存入特别储蓄账户。会员在获得一笔贷款后，银行要求会员必须每周在个人账户储蓄一笔有最低限额的款项。会员可以随意支配存款，特别账户的存款用作个人在银行的股份，在最初的3年不能支取。二是给穷人提供更多的保障。银行推出了养老金账户，要求每一个借款8000塔卡以上的会员每个月至少储蓄50塔卡，10年后可以取出相当于120个月存款额两倍的资金。三是提供贷款保险和生命保险项目，为那些因自然灾害死亡的会员家属提供资金帮助。一旦发生借款人亡故的情形，其所有未偿付的贷款都由保险基金付清，借款人的家属不仅免除了偿还贷款的责任，还可以全额得到借款人生前在此项保险基金中的所有储蓄。四是提供住房贷款。如图5-23所示，为了避免妇女们因婚姻破裂而流落街头，银行以低于市场水平的利率提供住房贷款给妇女，并且要求建房所用的土地必须在妇女的名下。

图5-23　为用户提供服务以保障生活

（3）用户评价标准紧紧围绕减贫使命。员工建立数据库记录贫困的借款人在一个贷款周期结束后资产的变化情况，从而找到更有效的方法来帮助他们。银行还明确小组和员工负有帮助乞丐会员的责任。格莱珉银行有10项标准评估关于会员是否脱贫，这10项指标涵盖了衣、食、住、行、教育、卫生条件、医疗、资产等，会员脱贫与员工的激励机制挂钩。银行设立了五个等级的评级体系，获红星的员工表明其负责的客户都按照10项标准脱贫了，支行获得红星则意味着它的所有客户都已经实现脱贫。银行委托独立的第三方机构对借款会员的贫困状况进行评估。在"格莱珉一代"模式时期的1997年、1998年、1999年三个年度，会员脱贫的比例分别是15.1%、20.4%、24.1%；2000年银行开始变革进入"格莱珉二代"时期，当年会员的脱贫比例达到40%；到所有支行完成变革的2005年，会员的脱贫比例达到了58.4%。目前，格莱珉银行70%的会员已经超过了脱贫10项指标。

（4）用户通过社区建设增加交流并建立起信任体系。"社区"建设是格莱珉成功的核心，与其说格莱珉是一家银行，不如说是一个社区。一个小社区由五名妇女组成，通过五人之间就能产生十个连接。人与人之间除了创业经营方面是朋友，同时在生活方面也是亲密的姐妹。与此同时，格莱珉规定，每周需要开会，开会的时候相同的小组内，不同小组间会聚在一起进行交流。这种定时的会议，让社区关系更加融洽。另外，更重要的是，这种每周会议制度，是格莱珉了解创业者、降低坏账率最重要的手段之一。工作人员可以发现一些问题的苗头，从而及时修正。如果拿到贷款后，同组的人突然发现有人开始参与赌博了，或者家里添置了一些豪华家电，就会主动关心是否挪用了创业贷款。要注意的是这种"社区"建设与联保制度是有区别的，"社区"建设对用户的关心是持续性的，时刻关心着他们的生产生活，目的是解决贫困，让当地贫民过上幸福生活。

（5）本案例的成效。截至2015年，格莱珉银行遍及孟加拉国46620个村庄，使58%的借款人及其家庭成功脱离贫困线，借款人中有96%是农村妇女，还款率高达98%，已经有持续30年盈利记录。格莱珉银行已经成为孟加拉国第一大银行，孟加拉的格莱珉模式是国际上公认的、最成功的信贷扶贫模式之一，它以其扶贫面广、扶贫效果显著，且银行自身按市场机制运作，持续发展，显示出极强的生命力，该模式也在全世界推广，格莱珉银行已经成为59个国家效仿的对象和盈利兼顾扶贫公益的标杆。在美国成立了"格莱珉美国"，为贫穷的新移民提供金融服务；在中国也成立了"格莱珉中国"，第一个项目点在苏北农村。格莱珉银行创始人尤努斯也因此于2016年获得了诺贝尔和平奖。究其原因，一是格莱珉银行从穷人的需求出发提供适当的金融产品与服务，二是建立起真正关爱穷人，愿意与贫困抗争的团队。格莱珉银行不仅帮助当地的许多穷人走出了个人生活的困境，而且也改变现代金融组织基本的价值观念：信贷是人类生存的基本权利，银行就是要帮助所有的人，特别是那些生活在贫困线以下的人获得这种权利。帮助穷人在经济上采取积极的态度，不仅能够改善他们的生活，也能够成为社会经济增长的动力。

5.3.1.2　龙飞船太空旅游服务

SpaceX是一家由艾伦·马斯克领导的创立于2002年的太空运输公司。它开发了可部分重复使用的猎鹰1号和猎鹰9号运载火箭。SpaceX同时开发了天龙号系列的航天器，通过猎鹰9号发射到轨道。SpaceX主要设计、测试和制造内部的部件，如Merlin、Kestrel和Draco火箭发动机，目标是降低太空运输成本，成为"太空行业中的西南航空"，瞄准低端卫星市场，并进行火星移民。2008年成功发射世界上首艘私人制造的火箭。在2010年12月成为第一个能够发射回收宇宙飞船的私人公司。2020年5月，SpaceX公司的龙飞船搭载NASA宇航员道格·赫利和鲍勃·本肯成功飞往国际空间站，成为人类历史上首次商业载人飞行。摩根士丹利预测到2040年太空旅游市场的产业规模将超过1万亿美元。预测数据显示，未来30年全球太空行业的规模至少达到2.7万亿美元。

（1）真正为旅客服务的太空旅行。2021年9月，SpaceX公司的Inspiration 4太空旅行顺利升空，机组成员并非专业宇航员，这也让它成为世界首个"全平民太空旅行"，如图5-24所示。SpaceX太空飞船的目标高度为575千米，这一高度将超过国际空间站，甚至超过哈勃空间望远镜的轨道高度。Inspiration 4飞行任务的三天时间也远超前两次载人商业太空飞行任务，前两次飞行时长只有10分钟左右，三天时间作为绕轨道飞行的最佳时长给予了游客足够的时间欣赏太空中的风景。飞船整个旅行过程均由飞船飞控系统自动完成（除紧急状况），不对接国际空间站，头锥内部被改造成一个全景天窗，可供旅客更方便地一览太空美景。参加此次航天飞行不需要经过专业训练，这区别于以往的科研任务。而且飞行的乘客都为普通民众，没有任何一位是现役职业航天员。此次飞行任务中的火箭和太空飞船都由SpaceX拥有和运营，而不是NASA。SpaceX一家公司完成了整个旅游的闭环，从"火箭+飞船+回收"全流程自行运作，仅有测控和发射场需仰仗军方和NASA。项目由"带队"人艾萨克曼赞助，而不是政府。Inspiration 4将开启人类太空探索的新时代，这也是商业航天产业增长，政府在航天领域长期垄断地位逐渐瓦解的最新迹象。

图5-24　龙飞船太空旅游服务

（2）安全智能的飞船内部结构和宇航服。如图5-25所示，龙飞船的内部充满了现代科技的气息，全触控的智能大屏和平板代替了传统的物理机械控制面板，整合并简化了操作，大大降低了宇航员的使用门槛。宇航员穿着的宇航服可以在飞船遇到减压、着火等突发事件时起到保护作用，宇航服黑灰色部分的材质是一种名为Nomex的织物，白色部分的材质是一种叫特氟龙的强化玻璃纤维，既耐火耐高温，也能保持柔软和弹性，而且不会沾上任何污渍。宇航服大腿上的一个接口可以接到座位上，连接着飞船的生命支持系统，输送空气和电能。头盔是使用3D打印技术制造的，宇航服还配有能使用触摸屏的手套。飞船的安全性、可靠性深入人心，这大大增加了商业航天的产业信心和用户的购买意愿。

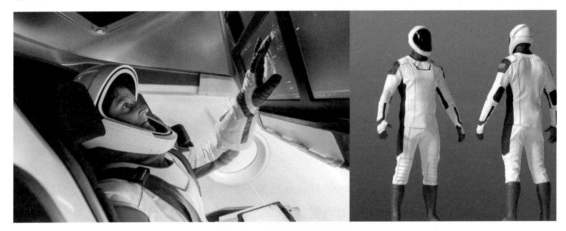

图5-25　充满科幻感的旅程

（3）本案例的成效。截至2020年，SpaceX拥有8000名员工，市场估值500亿美元。如今，SpaceX已具备制造、发射、回收、复用运载火箭的能力，并且能够发射载人飞船以及卫星系统进入各种轨道。SpaceX已经成功发射了100多枚火箭，是全世界最大的商业卫星运营商，占据美国大部分发射数量和全球近半发射载荷量。相信在不久的将来，人们会看到越来越多今天无法想象的各种想法和产品，火星移民也将不再是梦。

5.3.2　实现更加广泛的社会和谐

自人类社会产生以来，人们对和谐社会的追求就成为一种重要的价值取向。在中国，和谐自古以来就是中华文明遵循的核心价值理念。在西方，法国的空想社会主义者在18世纪就提出了建立和谐社会的构想。马克思主义批判地吸收了空想社会主义理论中的合理成分，科学地描绘了未来理想社会的蓝图。中国特色社会主义和谐社会建设，正是实现这一价值目标的伟大实践。实现更加广泛的社会和谐，大致包含以下两个方面的内容：第一，人与人的和谐，即社会关系的和谐；第二，人与自然界和谐。

如图5-26所示，社会和谐创新不应该像企业组织那样追求有及时效果的流行活动。本书的观点是：新时期，人们应当将社会和谐创新看得更长久，具体而言，社会创新是在保障产品、服务或模式能满足社会需求的同时，创造新的人际关系或合作，是一群人的协作努力，用创新的方式解决某个特定的社会或环境问题。社会创新的实现不是某一技术的单点突破，而是创造多种技术的重组与解决社会问题的多重要素，在具体地方和时间上的全面契合。特别是服务于弱势群体，更好地连接不同的社会群体，从而实现更广泛的社会和谐。

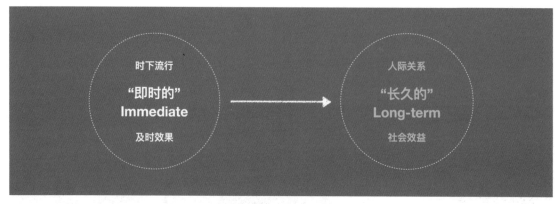

图5-26　实现更加广泛的社会和谐

5.3.2.1　回收废塑料瓶的小孩

本案例摘自美国加州一位名叫Ryan Hickman的小男孩坚持9年回收一百万个废弃罐头和瓶子的事迹。该事迹讲述他这些年如何坚持做公益，如何影响亲朋好友，乃至被全球传颂的过程。如图5-27所示，Ryan Hickman从3岁开始就对垃圾分类产生了浓厚兴趣，7岁成立垃圾回收公司，致力于环保事业的他还被授予"青年奇迹"大奖，登上美国热门节目。

图5-27　回收废塑料瓶的小孩

（1）环保行动从自身走向周边人。Ryan 3岁半的时候参观了美国加州的rePlanet回收中心，了解到如果不能正确地循环利用这些塑料垃圾，一旦让它们进入大海，会引起海洋生物的疾病和死亡。一想到美丽无辜的海洋动物竟然由于人们随意丢弃塑料要备受折磨，小小的他便感到心痛不已。第二天，Ryan在家门口的街道宣布说："我要把所有邻居的罐头和瓶子都收集起来。"Ryan挨家挨户地敲开邻居的门，希望能将那些被丢弃的瓶瓶罐罐收集起来。父母认为Ryan可能是一时兴起，过几周就坚持不住了，没想到Ryan竟然坚持了三个多月。爸爸惊讶于自家儿子的毅力，同时也开始仔细考虑这个项目的可行性。实际上，为了鼓励人们回收瓶子，加州的瓶装饮料售价中已经包含瓶子的押金，只要将塑料垃圾瓶送到特定的回收站，就能换取现金。经过一段时间的考察，夫妻俩决定帮三岁的Ryan注册公司，一起完成这个有意义的工程。2012年，Ryan's Recycling正式成立，员工只有三人：Ryan是CEO，所有的事情都听从他的命令，爸爸负责创意，妈妈负责业务，三人开启了Ryan的回收之路。每一天Ryan都会和父母一起出去分发新的回收袋并整理已经收回来的垃圾，仔细归类，等积攒到一定量后运送至垃圾回收站出售。看似枯燥、无聊的事，Ryan却一丝不苟地坚持了9年，每天一放学就工作，周末更是全家总动员。小区里总能看见一个穿着绿色T恤，蹬单车或坐区间车带着装满塑料瓶大袋子的孩子。小区里的人对Ryan的行为表示了极大的支持，大家也逐渐养成了不随意丢弃塑料瓶，把它们储存好等着Ryan来收的习惯。

（2）环保行动从社区走向世界。当Ryan的老师和同学们知道了他的故事后，纷纷把家中废弃的瓶子存起来，并且组织了一个特别的循环利用项目一起支持Ryan的工作。Ryan现在拥有了一个正规的门户网站，网站上显示该公司已回收129.751万个易拉罐/塑料瓶，累计回收垃圾65.3吨，卖垃圾所得收益全部都捐给了Ryan的"初心"——海洋哺乳动物保护中心。如图5-28所示，如今，专门印有公司Logo的墨绿色文化衫，连国家地理频道的工作人员都在穿。值得一提的是，Valet Living是一家遍布全美提供回收服务的公司，Ryan现在是该公司的形象大使。他被各大顶级媒体争相报道，还被聘为太平洋哺乳动物中心的形象大使，让越来越多的人开始关注海洋环境保护，甚至已经有亚洲的小朋友，也了购买Ryan家T恤。Ryan不仅被CNN评为2017年度"青年奇迹"之一，而且还登上了美国最受欢迎的访谈节目《艾伦脱口秀》。有人怀疑Ryan的父母是不是在拿他作秀圈钱，但其实Ryan的父母一直在背后默默为Ryan付出，而且直接拒绝了捐款。Ryan的父母表示："只是希望儿子能开心地成长，要是有一天他不想做这些事了，我们也绝不会指责他。"

图5-28　环保行动的影响力

（3）本案例的成效。Ryan自己说："人们应该开始回收，不只是为了赚取额外的钱，而是因为它有助于世界，我喜欢这件事，所以想让所有人都热爱它。"Ryan从开始个人的自发行为逐渐形成了一套服务体系。2020年，他创办了一家非营利组织Project3R，致力于全球的回收利用和环境意识教育。从周边社区到世界，从自发行为到服务体系的建立，都离不开人们的交流与合作，人与社会之间的和谐会带来长久的社会效益，最终达到人与自然的和谐。

5.3.2.2　西雅图代际学习中心

本案例摘自美国西雅图的代际学习中心（Intergenerational Learning Center）的故事，这是一间将养老院和幼儿园结合的机构，如图5-29所示。美国加利福尼亚大学洛杉矶分校、戴维斯分校以及芝加哥大学的一项研究发现，孤独症会导致白细胞等单核细胞出现异常，使人体抵御外界感染的能力下降。美国芝加哥大学心理学教授约翰·卡西波建议，孤独老人要多和朋友相处，积极参加家庭聚会，摆脱恶性循环。美国西雅图的一家学习中心就把养老院和幼儿园开在一起，此模式治愈了老人的孤独感，同时也让儿童认识到衰老的过程，学习如何与人相处等知识。

图5-29　西雅图代际学习中心

（1）幼年人和老年人良性互动的服务模式。代际学习中心往往是介于养老院和幼儿园中间的一个特殊场所，它充当了连接儿童和老人的连接器。如图5-30所示，在代际学习中心的运行模式中，将老人同幼儿召集在一起，形成良好的互动关系，以满足不同群体的心理需要。代际学习中心每个星期向孩子们开放五天。孩子们可以选择全日制、半日制或每周两三天的不同模式。当孩子们走进养老院后，老人们的生活发生了巨大的改变，这些小天使，为他们枯燥、孤独的晚年生活增添了许多新的快乐。孩子们在代际学习中心里，会跟老人们一起吃饭、玩闹，还会一起做活动，例如唱歌、跳舞、画画、做饭、做游戏……孩子们进入养老院前，有的老人就是吃了睡、睡了吃，毫无生机可言；当孩子们走进养老院，与老人一起唱歌、画画、制作三明治，又或者进行其他活动时，老人们神采飞扬。

图5-30　友好互动模式

（2）通过纪录片将代际服务模式推广给更多人。2015年6月，"代际学习中心"出了一个五分钟纪录片：《现在完成时》（*Present Perfect*）。由好莱坞电影制作人、西雅图大学兼职教授埃文·布里格斯出资，在2012—2013学年独自跟踪拍摄。随后，她发起了众筹，希望把筹集到的资金作为制成电影的经费，15天内众筹到10万多美元。这部纪录片的主角是两类人，一类是没有什么经历，但拥有美好、无限可能的未来幼童，另一类是阅历丰富，但夕阳无限好只是近黄昏的老人，这部纪录片就是讲述这两类人为数不多的人生重叠时间。这部片子记录了很多老年人无法把握、努力挣扎的真实时刻。例如，一名坐在轮椅上的老人试图为一名儿童解衣，但经过多次尝试，她最终还是放弃了，并轻声叹道："我现在连这个都做不来了。"还有一次，老人们和孩子们一起为流浪汉制作三明治，虽然动作缓慢，却真诚无比。片中一个叫马科斯的小男孩，与一位名叫约翰的老人相遇。约翰不断地问这个孩子："你叫什么名字？"约翰年纪大了，听力也不好，记忆力也在逐渐衰退。约翰不停地重复确认小男孩的名字，而每当老人说错的时候，马科斯都不会生气，只是不断地纠正并耐心地告诉他，自己叫"马科斯"。事实上，约翰询问的次数比纪录片里的还要多，但是小男孩每一次都能耐心地重复自己的名字。片子记录了温馨的画面，也记录了令人伤感的画面。在纪录片拍摄的过程中，有两位老人离世了。布里格斯将"死亡"一起拍进了片子里，她说："我不想刻意美化死亡，它就是当时发生的真实画面，我们都需要懂得发生了什么，以及如何真正去面对。"而孩子们也懂得了，人终会有衰老的一天，父母也正在渐渐地老去，死亡是人生必经的一环。变老并不可怕，重要的是要以一颗纯真的心坦然面对。

（3）本案例的成效。美国有线电视新闻网曾报道：一方面，代际学习中心让老人重新发现并肯定了自我价值，他们在跟孩子接触中也获得了更多乐趣和欢笑；另一方面，孩童比之前更能接受残障老人了，更清楚地懂得人的衰老过程，从老人那里收获了无条件付出的爱，还意识到大人有时也是需要帮助的。他们虽然相差几十岁，却是最亲近的朋友。他们虽然没有血缘关系，却是最亲密的家人。把养老院和幼儿园开在一起，是一个让老人再次融入社会的伟大案例。当"过去时"遇上"现在时"，当"人生的最后阶段"遇上"人生的开始阶段"，他们互相懂得了给予和分享，老少同乐，各有收获。在大众眼中两个最需要外部照看的弱势群体成了帮助者与被帮助者。该模式突破之处在于，它不仅是在生理上对两个群体进行帮扶，难能可贵的是在心理上的照顾，满足了两个群体各自的心理需求。这对上述任何一个群体来说，仅仅是通过投入资金、改善机构人员配置、硬件配置是远远不能达到的。这要求设计师除了关注"硬件"，也要同样关注"软件"。目前，代际学习中心主要集中于欧美地区的高端养老机构中，在中国仍有广阔的开发前景。

参考文献

[1] 罗仕鉴, 田馨, 梁存收, 等. 设计产业网构成与创新模式[J]. 装饰, 2021（06）: 64–68.

[2] 路甬祥. 设计的进化与面向未来的中国创新设计[J]. 全球化, 2014（6）: 5–13.

[3] 路甬祥. 创新设计与中国创造[J]. 全球化, 2015（4）: 5–24.

[4] 代福平. 论现象学方法对设计思维的深化及对设计教育的启发[J]. 工业工程设计, 2020, 2（3）: 11–24.

[5] 李曜坤. 建设现代化设计产业强国：中国设计产业高质量发展基本方略[J]. 装饰, 2020（08）: 33–36.

[6] 高家骥. 基于文献计量的设计产业研究进展分析[J]. 美术大观, 2020（09）: 96–101.

[7] 辛向阳, 王晰. 服务设计中的共同创造和服务体验的不确定性[J]. 装饰, 2018, 4（300）: 74–76.

[8] 安娃. 从语境到设计对象的生活方式研究[J]. 包装工程, 2019, 40（20）: 15–21.

[9] 辛向阳. 从用户体验到体验设计[J]. 包装工程, 2019, 40（8）: 60–67.

[10] 吉宗玉, 徐明. 服务蓝图法——一种有效的服务设计方法[J]. 中国纺织大学学报, 1999（5）: 77–79.

[11] 胡飞, 李顽强. 定义"服务设计"[J]. 包装工程, 2019, 40（10）: 37–51.

[12] 罗仕鉴, 胡一. 服务设计驱动下的模式创新[J]. 包装工程, 2015, 36（12）: 1–4.

[13] MONT O . Clarifying the concept of product–service system[J]. Journal of Cleaner Production, 2002, 10（3）: 237–245.

[14] SAKAO T, LINDAHL M. Introduction to Product/Service-System Design[M].Springer.

[15] 吴朝晖. 交叉汇聚推动人工智能人才培养和科技创新[J]. 中国大学教学, 2019（02）: 4–8.

[16] 路甬祥. 设计的价值与未来[J]. 科技导报, 2017, 35（22）: 13–14.

[17] 丁熊. 服务共创：服务设计中的共创及其机制[J]. 装饰, 2019（10）: 116–119.

[18] 李满海, 辛向阳. 数据价值与产品化设计[M].北京：机械工业出版社, 2020.

后 记

　　《服务设计信达雅》分为案例分析篇、理论实践篇。理论实践篇侧重服务设计的相关理论、工具和方法的整理，案例分析篇侧重对服务设计的相关案例进行分析，以及提出服务设计转向重点。

　　目前服务设计仍处于发展期，表现在两个方面：一是高校正在积极探讨设计理念和方法理论等学术内容；二是企业正在践行服务质量的提升。虽然不同企业没有用同一术语来描述，但是实质上，这些企业的系列动作都在服务设计框架下。

　　在"许知远对话许倬云"的节目中，当代重要的史学大家许倬云被问到"如何获得人生的意义和价值？"，他提到"要有一个远见，能超越你未见"。受先生启发，本书尝试通过实际案例来探究如何做到服务设计的信达雅。

　　许倬云先生殷切寄语："我希望一万人中，有两三个人能在阅读中重建知识分子传统。"谨以此自勉！

李满海